第7次改訂版

# 楽しく学べる「地方公務員法」教室

大島稔彦・著

地方公務員法に関する〈全8章〉

1日たったの30分、1ヶ月で地公法がマスターできる！

公職研

## 開講にあたって

　この「教室」は、地方公務員法を、親しみやすく、かつ、分かりやすく解説する、ということを目的として、24回の講義で構成しています。内容は、地方公務員法の基本的な理解が得られることを中心とし、若干の関連法律にも触れるようにしています。直接には、昇任昇格試験などを控えている地方公務員の方を対象に考えていますが、より幅広く地方公務員法を知りたいという方にも利用していただけると思います。

　この「教室」は、月刊「地方自治職員研修」に24回にわたって連載した「島一彦の地方公務員教室」をまとめたものですが、連載時以後の法改正も折り込み、問題とその解説を追加するなど、かなりの量の加筆訂正をしています。一般的な試験対策や教養科目としてであれば、この「教室」一冊で充分に対応できると思います。

　各回の構成は、もちろん、テーマについての説明・解説が中心ですが、読みやすいように、また、理解に資するために、小見出しでいくつかに分けてあります。本文に続けて、各回の内容の【まとめ】を付してあります。本文の内容チェックやレジュメ作成に利用できると思います。この【まとめ】で重要な語句はだいたい確認できるはずです。

　続いて、問題が２問と、その解答のための《指針》があります。比較的基本的な問題が問１で、やや細かい問題が問２という傾向にしてあります。《指針》は、取り組み方や考え方を説明していますが、この部分は問題に当たってから読むようにして下さい。

　巻末の総合問題は、実力チェックのためのものですが、内容レベルはかなり高いと思われます。これがすらすらと解けるなら、地方公務員法はほぼマスターしたと言っていいでしょう。なお、この解説は、煩瑣になるのを避けるため、「教室」とは違って、根拠条文と簡単なコメントに止めてあります。

　この「教室」は、いろいろな形で利用していただきたいと思っていま

す。本文だけ通して見たり、【まとめ】だけでチェックしたり、問題と《指針》で復習する、などです。

　ただし、この「教室」の利用にあたって、一つだけ注文があります。それは、できるだけ地方公務員法の条文も見ていただきたい、ということです。「教室」の中では煩瑣になるので根拠条文は原則として示していませんが、【まとめ】も《指針》も、総合問題の解説も、条名を掲げていますから、その条文に、読みにくくても一度は目を通して下さい。一度読めば、そして「教室」と併せることによって、法律の考え方や構成が一層分かりやすくなると思いますし、何が問題なのかも目に見えてくるのではないかと思います。

　では、早速開講することにいたしましょう。

## 楽しく学べる「地方公務員法」教室／目次

### 第1章　地方公務員と人事機関⋯⋯⋯⋯⋯⋯⋯⋯⋯⋯⋯⋯⋯⋯⋯9-37

第1回●地方公務員制度とその原則⋯⋯⋯⋯⋯⋯⋯⋯⋯⋯⋯⋯10
　　　公務員制度11／公務員12／全体の奉仕者論13／近代的公務員制度14／地方公務員法15

第2回●地方公務員の種類と適用法令⋯⋯⋯⋯⋯⋯⋯⋯⋯⋯⋯⋯19
　　　地方公務員19／地方公務員法の適用対象20／特別職20／一般職21／一般職の分類22／一般職の分類と法の適用関係23

第3回●人事機関⋯⋯⋯⋯⋯⋯⋯⋯⋯⋯⋯⋯⋯⋯⋯⋯⋯⋯⋯⋯28
　　　人事機関とは28／任命権者とは29／任命権の委任29／人事機関としての行政委員会31／人事委員会32／公平委員会32／行政委員会の組織33／人事行政の運営状況等の公表34

### 第2章　任用と離職⋯⋯⋯⋯⋯⋯⋯⋯⋯⋯⋯⋯⋯⋯⋯⋯⋯⋯39-100

第4回●法律適用の原則と任用⋯⋯⋯⋯⋯⋯⋯⋯⋯⋯⋯⋯⋯⋯⋯40
　　　法律適用上の原則40／任用とは41／任用の根本基準43／任用の根本基準43／任用の一般的基準43／標準職務遂行能力44／欠格条項45

第5回●任用の種類とその運用⋯⋯⋯⋯⋯⋯⋯⋯⋯⋯⋯⋯⋯⋯⋯50
　　　任用の種類50／採用51／昇任53／降任53／転任53／運用上の方法54

第6回●任用の方法⋯⋯⋯⋯⋯⋯⋯⋯⋯⋯⋯⋯⋯⋯⋯⋯⋯⋯⋯⋯59
　　　採用の方法59／採用試験等の試験機関60／採用試験60／採用候補者名簿62／選考による採用62／昇任63／降任と転任64

第7回●条件付採用・臨時的任用⋯⋯⋯⋯⋯⋯⋯⋯⋯⋯⋯⋯⋯⋯68

特別な任用68／条件付採用69／臨時的任用70／特別任用の取扱い72／任期付職員の採用73

第 8 回●人事評価と研修……………………………………………………78
研修の便宜79／特例80／人事評価制度81／結果に応じた措置82／標準職務遂行能力と任用83／研修83／研修の便宜84／特例85

第 9 回●離職と退職管理…………………………………………………89
離職の事由89／定年91／特例定年92／勤務延長93／再任用94／定年制の適用95／退職管理95／働きかけの禁止96／退職管理の適正確保97

## 第 3 章　職員の義務 …………………………………………101-136

第10回●服務の根本基準と義務 ……………………………………102
服務の根本基準102／公務員倫理103／服務の宣誓104／職務上の義務と身分上の義務105

第11回●職務上の義務 ………………………………………………108
法令等に従う義務108／上司の命令に従う義務109／職務専念義務111／職務専念義務の免除111

第12回●身分上の義務(1) ……………………………………………117
信用失墜行為の禁止117／守秘義務118／職務上の秘密の公表119／政治的行為の制限121

第13回●身分上の義務(2) ……………………………………………128
労働基本権の制限128／争議行為等の禁止129／違反に対する責任130／営利企業等の従事制限131

## 第 4 章　職員の責任 …………………………………………137-158

第14回●分限 …………………………………………………………138

分限とは138／分限処分139／身分保障139／分限処分の種類140／分限事由141／手続と効果143／特例143
　第15回●懲戒 ……………………………………………………………148
　　　懲戒とは148／懲戒と分限149／懲戒処分の原則150／懲戒事由150／懲戒の種類と効果152／懲戒の手続153／懲戒の対象153／刑事責任と民事責任154

## 第5章　勤務条件 …………………………………………………**159-189**

　第16回●給与 ……………………………………………………………160
　　　給与と給料160／給与決定の原則161／給与その他の給付162／給与条例163／給与支給の原則164／人事委員会の役割165／特例165
　第17回●勤務時間と休日 ………………………………………………169
　　　勤務条件の原則169／国家公務員との違い170／勤務時間171／休憩時間172／勤務時間の例外172／休日173／国家公務員の場合174
　第18回●休暇と休業 ……………………………………………………178
　　　休暇178／年次休暇179／特別休暇180／病気休暇182／介護休暇182／休業182／部分休業184／育児休業関係184／管理職の場合186

## 第6章　福利厚生 …………………………………………………**191-209**

　第19回●共済制度 ………………………………………………………192
　　　厚生制度192／福祉・利益保護の根本基準193／共済制度194／共済組合195／共済事業196
　第20回●公務災害補償 …………………………………………………201

労働者災害補償201／公務災害補償202／公務上の災害202／通勤災害203／地方公務員災害補償基金204／補償内容204／損害賠償との関係205／適用関係206

## 第7章　利益保護 ……………………………………………211-229

第21回●勤務条件に関する措置要求 ………………………………212
利益保護212／勤務条件の適正の確保213／措置要求制度213／要求内容214／審査機関215／手続等の定め216／罰則による担保217

第22回●不利益処分に関する審査請求 ……………………………221
行政上の救済手続222／不利益処分222／不利益処分説明書223／審査請求をする者224／審査請求224／請求期間225／審査手続225

## 第8章　労働基本権 ……………………………………………231-249

第23回●職員団体 ……………………………………………………232
労働基本権232／職員団体234／職員団体の登録236／登録要件237

第24回●団体交渉と在籍専従 ………………………………………241
不当労働行為の禁止241／在籍専従243／団体交渉244／書面協定245

## 総合問題と解説 ……………………………………………………251-265

表紙・デザイン　東　芳純

＊この本で引用している法律とその略称の主なものは次のとおりです。
（内容は原則として平成28年5月1日現在）

地方公務員法（＝法、地公法）

地方公務員災害補償法（＝災害補償法）

地方公務員等共済組合法（＝共済組合法）

地方自治法（＝自治法）

労働基準法（＝労基法）

地方公務員の育児休業等に関する法律（＝育児休業法）

地方公共団体の一般職の任期付職員の採用に関する法律

地方公共団体の一般職の任期付研究員の採用等に関する法律

外国の地方公共団体の機関等に派遣される一般職の地方公務員の処遇等に関する法律

公益的法人等への一般職の地方公務員の派遣等に関する法律

教育公務員特例法（＝教特法）

地方教育行政の組織及び運営に関する法律（＝地教行法）

市町村立学校職員給与負担法

公立の義務教育諸学校等の教育職員の給与等に関する特別措置法

公立の大学等における外国人教員の任用等に関する法律

大学の教員等の任期に関する法律

地方公営企業法（＝地公企法）

地方独立行政法人法（＝地独法法）

地方公営企業等の労働関係に関する法律（＝地公企労法）

労働組合法（＝労組法）

国家公務員法（＝国公法）

一般職の職員の給与に関する法律（＝給与法、一般職給与法）

一般職の職員の勤務時間、休暇等に関する法律（＝勤務時間法）

一般職の任期付職員の採用及び給与の特例に関する法律

国家公務員倫理法

# 第①章

## 地方公務員と人事機関

第1回
地方公務員制度とその原則
第2回
地方公務員の種類と適用法令
第3回
人事機関

| 第1章 | 地方公務員と人事機関 |

| 第1回 | ●地方公務員制度とその原則 |

公務員制度／公務員／全体の奉仕者論／近代的公務員制度／地方公務員法

　ええと、地方公務員法の講義を始めるんだけど、地方公務員法なんて、いろんな人がいろんなところでいろんな方法でしゃべっているもんだから、やりにくいんだよね。だいいち、こんな調子で講義すると、内容が薄くなっちゃうし、不正確にならないともかぎらない。あ、いえ、やりたくないわけじゃないの。まあ、普通の概説書なんぞのようにキッチリカッチリやっていったらこの講義の存在意義なくなっちゃうしね。

　で、まあ、この講義でも一通りのことはしゃべるつもりだけど、話があっちこっちするかもしれないし、ちょっと脱線するかもしれないから、最後におまけをつけておきます。【まとめ】と問題。問題は五択を2題と、これにちょっとコメントするから、このおまけを参考に整理してもらいたいんだな。そうすれば、地公法は完璧！のはずだよね。

　あ、突然だけど、古川柳(こせんりゅう)って知ってるかな。江戸中期つまり18世紀の中頃、柄井川柳なる人によって始められた五七五の句。もっとも始めの頃は前句というのがあって、これに五七五が付けられていたんだな。で、これが、その頃の庶民の間でものすごく流行ったっていうんだよね。たとえば次のような句。

「侍が来ては買ってく高楊枝(たかようじ)」

高楊枝は食後悠々と楊枝を使うことだけど、武士は食わねど高楊枝ってよく言われたんだよね。ただでさえ少ない給料米が換金すると雀の涙、食うや食わずでもそんな素振りは見せない、ま、やせ我慢だけど、だから高楊枝ばかりが売れる、ていうんだな。江戸の侍奉公よりは地方公務員の勤務の方が恵まれているように見えるね。

### ◆公務員制度

　で、まずは地方公務員制度そのものから話に入るんだけど、だいたい「地方公務員制度」なんて言ったって、本来は、公務員制度がそもそも前提にあって、そのうちに国家公務員とか地方公務員、さらに言えば特殊法人とか独立行政法人だとかの職員がいるんじゃないの、だったらその前提である「公務員制度」というのが分かればいいじゃない、それはどうなってんの、ということになりそうでしょ。なりそうなんだけど、ホントのことをいうと、これがはっきりしないんだな。なんていうとちょっと誤解を生むかもしれないけれど、法制度上、「公務員法」があるわけじゃない。あるのは「国家公務員法」とか「地方公務員法」などというのがあるだけ。で、結局公務員制度は、国家公務員制度が中心になっていて、これにみんな右へならえしていて、それぞれの職務の特色なんかに応じてそれを少し修正して適用する、という形になっているわけ。地方公務員制度も、まさにそうなっています。

　だから、地方公務員制度を考える場合、それだけでもいいんだけど、国家公務員制度を参考に──というよりも参照かな──した方がいいことが多いんだな。たとえば勤務条件などにしても、大体が国家公務員にならっているから、条例で定めることにはなっていても、人事院規則を参照した方が分かりやすい。だから、この講義でもこれから人事院規則を参照することが多いと思う。そう言うと、なんだ、そんなに地方公務員制度の自主性というかそんなものが薄いのか、地方公務員法なんて勉強するより国家公務員法の方がてっとり早いじゃないか、と言われるかもしれない。たしかにそういう面もあるけれど、国の中で公務員の種類によって扱いがあまり異なるのもよくないだろうし、ある程度のスタンダードみたいなものも必要だろう、という考え方が一方にあり、反面、地方公務員特有の問題や考え方というのもあるんだから、地方公務員法が意味ないとは言えない。あれ、だいそれた話になっちゃったな。

　もっとも、公務員制度を抜本的に見直して、国と地方を包括する公務

員法を制定しようとする動きもかつてはあったから、そのうち「公務員法」から入る時代がくるかもしれない。でも今は現行法で行くしかないから、国と地方と別に勉強していかなければならない、ということだね。

◆**公務員**

　まあ、そうは言っても、国と地方と、公務員としては共通なんだから、やはり共通事項というのはあるわけで、それがいわゆる公務員制度の総論というものになるんだよね。で、公務員とは何だ、というのが最初に来るんだけど、これには憲法からまず考えるのが一般的。何故かと言えば、憲法は国の根本規範だからであります。あ、何故根本規範なのか、根本規範とは何か、という問いは当然湧いてくるだろうけど、これは法哲学や憲法学の範囲なので、ここでは逃げます。時間がないからとか、紙幅に余裕がないからとかよく言うんだけど、本当は立憲主義という大事な問題ではあります。

　そこで、憲法はなんと言ってるかというと、まず「全体の奉仕者」である、と言っているんだよね。これは15条2項。そうならば、あったりまえのことなんだけど、「一部の奉仕者」ではない、とわざわざ断っているんだよね。なんでそんなこと言ってるかっていうと、これには深いわけがあります、と言うほどのことではないけど、戦前の公務員は天皇の官吏だったわけで、天皇に忠誠を誓い、無定量の奉仕を天皇に捧げた、つまり「全体」の奉仕者とは言えなかった、ところが日本国憲法は、主権が国民にあり、その国民に奉仕するのが公務員なのだ、その地位は究極的には国民によっているんだよ、と言っている。それで「一部の奉仕者」ではないんだよ、と念を押しているっていうわけ。

　え、何で「国民全体」と言わないで単に「全体」と言っているかっていうのは、実をいうとよく分からない。英訳ではホウル・コミュニティーとなっているから、こちらの方が分かりやすいよね。国家公務員法96条では「国民全体」と言っているんだけどね。ま、それはともかく、現在においてはどういう意味があるかっていうと、これもあまりはっきり

しないんだよね。地公法30条をみると「全体の奉仕者として公共の利益のために勤務し」と言っているから、つまりは国民全体の利益のために働くことが使命ですよ、それが全体の奉仕者ということなんだよ、一部の勢力である特定の政党とか集団とかの利益のために働いてはいけないんだよ、という意味だということは分かります。でも一部であるかどうかっていうのも実際には判断しにくいんだよね。たとえば、介護を要する人を対象にした仕事をしている公務員は、実際には全体のために奉仕しているとは感じられないかもしれないでしょ。でも、それは単に一部の人のための仕事だ、とは言えないよね。

◆**全体の奉仕者論**

そこで具体的にどうかっていうと、制度の上でこの原則が働く場面は3つ考えられます。1つは、これを公務員の政治活動の自由を制限する根拠にしていること、判例がそう言ってるから有権解釈っていうわけだけど、学説では反対論も有力です。全体の奉仕者だ、といって、なんでもかんでも一律に制限するのはおかしい、公正な職務の執行に影響があるかないかなどによって判断すべきだ、という言い分。

これに関係するのが公務員制度の政治的中立という原則だね。この原則は、ひとつには、行政が一党一派に偏らないで執行されるということを要請しているんだけど、これは全体の奉仕者であることを根拠にすることができるよね。つまり、行政に対する国民や住民の信頼性を確保する、ということになるわけ。その限りで、公務員の政治活動の自由を制限することも止むを得ないということにはなる。でもそれだけではなくて、もうひとつ、政治的中立によって公務員が政治にまきこまれることなく公務に専念できる、という公務員の政治からの保護という面もあるわけ。これは、民主的で効率的な制度が必要だということも根拠としているんだよね。だから、厳密には、個々の公務員の政治活動の自由がどの程度制限されるかっていう問題と、公務員制度が政治的に中立でなければならないという要請とは、必ずしも同じじゃないと思うんだよね。

「全体の奉仕者」が具体的に働く2つめは、労働基本権制限の根拠であること、これも判例が、公務員も憲法にいう勤労者にあたるけど、全体の奉仕者だから争議権や団体交渉権が制限されます、と言っているわけ。これも同じように学説では反対論が多いんだな。全体の奉仕者だからといって一律に基本権を制限する必要はない、職務の種類と性格によって考慮すべきだ、という論。ま、一定の制限が必要だというところでは相通じているのかな。とにかく、どの程度労働基本権を制限すべきか、言い換えれば、どれだけ労働基本権を付与すべきか、については長い議論があったけれど、近ごろはあまり問題にはなっていないようだね。

　3つめは、「全体の奉仕者たるにふさわしくない非行のあった場合」に懲戒処分を受けること。地公法29条に規定があります。何がふさわしくないのか、何が非行なのかよく分からないけど、ま、それは少し先で考えましょ。

### ◆近代的公務員制度

　そこで、よく「近代的公務員制度」っていわれるけど、何が「近代的」なんだろうか、という問題があるわけ。公務員制度あるいは官僚制の起源は13世紀あたりの西欧の宮廷経営にあるとか言われるけど、日本の幕藩体制下にも官僚制があったとも言われていて、ま、これは「近代的」とは言えないんだろうな。「近代的」とは、簡単にいうと、地方公務員法1条に言っているように「民主的かつ能率的な運営」ということになるんだよね。そのためには、公務員の身分は安定していなければならないし、任用などの人事も明らかにされている基準に従って行われなければならない、その基準も客観的なものでなければならないし、それも実証に基づいて平等に運用されなければならない、不服があればそれを主張できる手続きも保障されなければならない、といったことが必要になってくる。政治的中立の原則や、平等取扱の原則なんかもこれに対応するものだけど、もう1つ、成績主義の原則というのがあるんだよね。これはメリット・システムとも言われているけど、要するに、人事は能力

の実証つまり成績に基づいて行う、ということ。情実や政党の意向などによってやっちゃあいかん、ということです。ある党派がトップに座ったとたんに、ガラッと公務員の頭のすげ替えがされてしまう、なんてことは近代的ではない、というわけ。これはスポイルズシステム、日本語で猟官主義と言われていることは御存知のとおり。あ、これは「猟官」という官職があるんじゃなくて、官職をアサル、という意味だね。

ちょっと付け加えると、国レベルでは、公務員制度の総合的な改革をしようという動きが続いていて、その一環として、幹部職員の人事の一元管理等を行う内閣人事局を設置したんだね。これは、政府の政策統一性の確保のために、いわゆる政治任用職の範囲を広げようという目的、つまり、行政のトップが変わったら、主要ポストもこれに同調させる人事をして政策の一体性を保障するねらいがあるというわけで、スポイルズ・システムとは目的を異にしていることに注意。政治任用職はすべてだめというわけではないけれど、その制度の伝統やこれを支える社会構造や意識と関係があるし、公務員制度のあり方とも結びついている問題だろうね。

### ◆地方公務員法

この近代的公務員制度を地方公務員について確立しようとしたのが地方公務員法だと言えるわけで、その第1条では、この法律は「人事行政に関する根本基準を確立する」ことを直接の目的にしている、となっています。だから、成績主義だとか平等取扱の原則だとか全体の奉仕者だとか、いろいろな根本基準が定められているんだよね。そうすることによって、「行政の民主的かつ能率的な運営を保障」するんだ、としているわけ。もっとも自治体には立法機能もあるから、行政だけではないんだけど、それはまあ広く公務の執行という意味にとっておけばいいでしょよ。

(1) **公務員制度**＝個別の制度の集合

 国家公務員法　人事院規則

  一般職職員給与法・一般職職員勤務時間法・特別職職員給与法／国会職員法／裁判所職員臨時措置法等

 地方公務員法・教育公務員特例法・警察法・消防組織法等

(2) **公務員**

 広義＝国又は地方公共団体の事務を担当する者

 国民主権＝公務員の選定罷免権

  公務員の地位は直接間接に国民の意思に基づく

 全体の奉仕者であること（憲法15条2項）

 勤労者であること（憲法27・28条）

 労働基本権＝保障されるが、職務の性格により一定の制約

(3) **公務員制度**＝近代的公務員制度

 公務（行政）の民主的かつ能率的な運営を保障する

  （国家公務員法1条・地方公務員法1条）

(4) **地方公務員制度の原則**

 最少の経費で最大の効果　（自治法2条14項）

 組織及び運営の合理化　（自治法2条15項）

 成績主義(メリットシステム・15条)→組織の中立性と安定性

 政治的中立性（36条）　　　→行政に対する信頼の確保

        →公務員の政治からの保護

 その他の原則

  平等取扱の原則（13条）／情勢適応の原則（14条）

  勤務条件の均衡・条例主義（24条）

  労働基準原則（58条参照）

**問1** 地方公務員制度に関する次の記述のうち、誤りはどれか。

1 公務員は全体の奉仕者であるから、「天皇の官吏」という観念とは相いれないものである。
2 公務員は、憲法にいう「勤労者」に該当するので労働基本権が保障されるが、民間の勤労者とは異なり、一定の制約を受ける。
3 成績主義の原則は、スポイルズ・システムを排除するものであって、行政の中立性と安定性の確保を目的とする。
4 政治的中立性の要請とは、公務員に政治活動を一切認めないことである。
5 地方公務員法は、人事行政に関する根本基準を確立することを直接の目的とする。

**問2** 地方公務員制度に関する次の記述のうち、正しいものはどれか。

1 近代的公務員制度は、もっぱら職務遂行の能率性を最大限に発揮することを目的とするものであり、その点で恩情主義的な官吏制度と異なる。
2 地方公共団体の能率的な運営とは、事務処理に当たって最少の経費で最大の効果を挙げることと、常に組織及び運営の合理化に努めることとを意味する。
3 平等取扱の原則は、能率的運営のためにすべての地方公務員を同等に扱うことを要求するので、ポストが異なっても同一年次採用者は同一の給与としなければならない。
4 地方公務員法は、人事行政に関する根本基準を確立することを目的としており、その基準が能率的な運営であるとしている。
5 公務員の基本的人権は、地方公共団体の能率的な運営の確保に必要な限りにおいて、かつ、合理的な範囲内において制約され

> るならば、その制約は違憲とは言えない。

《指針》　こういうような総論的な部分の問題というのは実を言うとあんまり出ないんだよね。でも基本的なことだから、まあ理解しておくこと。

　問1は比較的分かりやすいと思う。地方公務員法の基本的な原則そのものだからね。ここでの注意は、成績主義の原則の内容かな。単に能力実証主義、ということではなくて、成績主義を採ることによって他の判断基準や恣意的な運用を排除することになるから、行政の中立性が確保される、それだけ職務に専念できるから組織上も執務上も安定性が確保される、それが能率的と民主的という根本基準につながる、ということだね。次に、政治との関わりの問題。政治的中立が要請されるのは、一方では行政に対する信頼の確保であり、他方で公務員の政治からの保護、ということであって、だから政治活動を一切認めないということではないよね。個人としては政治活動の自由はあるはずで、ただ、全体の奉仕者ということで制約を受けるということ。

　これに対して問2は分かりにくいと思う。問題文が長いときは、特に細部にまで注意することが肝心。問題は全体に能率性をピックアップしているんだけど、地方公務員法は能率性と合わせて民主的な運営をも保障しているんだよね。能率一本槍でいるわけじゃないんだから、1と4と5はおかしいということになるでしょ。平等も能力に応じてのものなんだから（そうそう成績主義を思い出せばいいよね）、何が何でも一緒という悪平等であってはいけない。そこで残った2なんだけど、後半は自治法に規定されている原則だよね、これは能率性に関することであって、民主的な運営とは直接関係がない、だからこれが正しいんだな。

《参照条文》憲法15条2項、自治法2条14・15項、地公法1・13・15・36・37条

《正解》問1＝4、問2＝2

| 第1章 | 地方公務員と人事機関 |
|---|---|

| 第2回 | ●地方公務員の種類と適用法令 |
|---|---|
| | 地方公務員/地方公務員法の適用対象/特別職/一般職/一般職の分類/一般職の分類とその適用関係 |

　ええと、江戸の侍奉公の句をもう1つ。
「お鼻毛をかぞえて居るが勤めなり」
鼻毛を数えるというのは御機嫌とりのことだけど、武士勤めも主君にゴマをすってばかり、江戸太平の世の自嘲なのかな、町人からのからかいなのかな。えっ、今の世のお勤めにも通ずる句だって？もっとも、鼻毛を数えるというのは愚行をさせておくという意味だという説もあって、そうなるとなおさらやるせない話になってしまうな。

　ま、それはともかく、こちらのお勤めの方に戻って、地方公務員っていうのはどういうもので、どんなふうに扱われているんだろうか、っていうのが今回のテーマ。

### ◆地方公務員

　地方公務員といえば自治体の公務員にあったりまえでしょ、そのためには地方公務員法があるって言ったじゃない、って言われればそうなんだけど、でもそう簡単にはいかないんだな。もちろん、地方公務員とは地方公共団体に勤めているすべての者だ、とは言えるんだけど、具体的にどうかというと分かりにくいケースが出てくるんだよね。

　たとえば、民生委員なんかどうかな。これは市町村の区域に置かれるんだけど、知事の推薦によって厚生労働大臣が委嘱する名誉職だっていうんだよね。これ、どうなんだろう、委嘱を大臣がするっていうんだから国家公務員といってもいい感じがするし、知事が指揮監督して都道府県が費用負担するから都道府県の地方公務員とも、また、市町村単位で置くなら市町村の地方公務員とも言えるかもしれない。ね、そう簡単じゃないでしょ。

そこで、地方公務員にあたるかどうか、これには3つのメルクマールが挙げられます。1つ、その扱う事務がその地方公共団体の事務であるか、2つ、公務員としての任命行為が行われているか、3つ、勤労の対価としての報酬を受けているか。一般的にはこれは有効なメルクマールだとされているの。

　でも、民生委員はどうなるの、分からないよ、となるでしょ、そう、やっぱりはっきりしないんだよね。だからこれを参考に総合的に考えましょ、というのがメルクマールを作った人の考え。え、誰が作ったかはどうでもいいでしょ。結論を言ってしまうと、民生委員は都道府県の地方公務員だとされています。これは、推薦手続きの主体や指揮監督などが都道府県にあるという実質的な要素を考慮した結論なのであります。

◆**地方公務員法の適用対象**

　その地方公務員には地方公務員法が適用される、と思うでしょ、だけど、これは違っちゃうんだな。すべての地方公務員に適用されるわけではないのであります。もちろん、地方公務員法ってのは、地方公務員という身分についての基本的な法律であって、これに抵触する他の法令より優先する、とその2条に書いてある。でも4条を見ると、この法律は「一般職に属するすべての地方公務員」に適用する、と書いてある。逆に言えば、特別職には原則として適用がないということなんだな。

　じゃ、一般職と特別職とはどういうもの？というのが次の問題になるでしょ。一般職とは何かっていうと、特別職以外の一切の職だって、3条2項に書いてある。で、特別職は、っていうと、一般職以外の一切の職だ……なんては書いてありません。

◆**特別職**

　冗談はともかく、特別職は8つに分類されて3条3項に列挙されているんだよね。でこれを判りやすくすると、3つに再分類できます。

　第1は、就任に選挙や議会の同意を経るもの。知事や市町村長は住民によって選挙されるし、副知事、副市町村長、監査委員なんかは議会の

同意が必要だし、選挙管理委員は議会で選挙される。

　第2は、非専務職と言われているもの。分かりにくいかもしれないけど、臨時や非常勤である、それだけに専念していない、本来の職業ではない、といった性質があるものなんだな。委員や委員会の構成員、顧問、参与、嘱託といったもの。非常勤の消防団員と水防団員も含まれる。ね、要するに他に職業を持っていて、それ以外に自分の知識や経験に基づいて自治体の仕事をする、っていうことで分かるでしょ。もっとも、臨時や非常勤の嘱託といったものの実態は必ずしもそうは言えない、ということも周知のとおり、かな。

　第3は、自由任用職と言われるもの。なんらの制限もなく、自由に適切な人を任用できる、というわけ。どんな職かな、というと、地方公営企業の管理者や企業団の企業長、特定地方独立行政法人の役員、それから首長や議会の議長の秘書といったもの。あ、秘書といっても、条例で指定する職だから、普通の秘書課の職員なんかは入りません。

◆一般職

　で、これ以外はみんな一般職だというわけ。ついでに言うと、一般職は単に「職員」といいます。でも、この特別職と一般職の区別も、判然としないケースが結構あるんだよね。たとえば、福祉関係で多いパートタイマー、プールの夏期アルバイター、非常勤のみどりのおばさんなんかは、一般職だと考えられるけど、非常勤の学校医、統計調査員なんかは特別職だとされているんだな。

　そんなに面倒な区別をして、いったいどういう意味があるのって思うでしょ。えっ、まあ思わなくってもいいけど、そこが問題なわけ。さっき言ったように、地方公務員法は一般職に適用されるという、法律上の扱いに違いがあるよね。簡単に言うと、これには2つの面があります。

　1つは、成績主義の適用があるかないか。能力の実証に基づいて任用しなさい、っていう成績主義は、実は一般職に適用される原則だったわけ。特別職にはこれは適用されないのです。それは特別職がどんなもの

か考えれば分かるはずで、たとえば議員に成績主義を適用したらおかしいでしょ。議員にふさわしいかどうかは、選挙で住民が判断することなのであります。

　もう1つは、終身職か任期職か、ということ。原則として、一般職は終身職であって、そういう意味の身分保障がされているわけ。もちろん、終身といったって、定年までしかいられないけど、その間に任用期間を設けることはしない。それに対して、特別職は任期や任用の期限があるのが普通になっている。もちろん任期が明確じゃないものもあるけど、定年があって、それまで在任する、というわけじゃない。

　といっても、この区別は、実際上崩れてきているんだよね。だから、「原則として」なんてさっき言ったんだけど、一般職でも任期付きがありうる状況になっているんだね。研究員から始まって、それ以外にも拡大してきている。専門的知識や優れた識見を有する民間人に、一定期間、公務員としてその能力を発揮してもらおう、というわけ。定年退職後の再任用なども任期付だね。

◆一般職の分類

　で、つまり、一般職っていうのが大多数の地方公務員なんだけど、その一般職にはどういうものがあるかっていうことを、次に考えます。

　まず、よく言われるのが常勤・非常勤の別。常勤・非常勤の区別もはっきりしないところがあって、場合によって違っちゃう。たとえば、一般的に勤務時間の面からいくと、一週の勤務時間の4分の3を超えるかどうかで振り分ける、とされている。これは人事院規則でそう定めていて、地方公務員もこれと同じに扱うというわけ。ところが、常勤の地方公務員については条例で定数を定めなければならないんだけど、この場合の常勤には隔日勤務も含まれるっていう行政実例があるんだよね。それとはまた別に、共済や公務災害、退職手当なんかの場合には、常勤の職員の勤務時間に準ずる勤務が12月以上になると常勤として扱う、ってされることもあるんだからややこしい。その上、短時間勤務の職なんて

いうのも定年退職後の再任用にはあって、これも常勤なんだね。要するに非常勤というのはバラエティーに富んでいて、一律にこうだって決められないのよね。だから問題に応じて最も適切と思われる区分けをする、っていうことで区分がいろいろになるわけ。

　あ、それから、常勤には給料・手当が支給されるけど、非常勤に対しては報酬が支払われる、社会保険では、常勤が共済制度で非常勤は国保・国年、公務災害補償では、常勤が基金によるのに対して非常勤は条例による、といった違いがあります。

　自治法には、事務吏員と技術吏員という吏員と、その他の職員という分類があったんだけど、これは戦前の身分上の区別を引きずっていたもので、平成18年改正で「職員」に統一されました。

## ◆一般職の分類と法の適用関係

　職種で見ると、一般職にはさまざまなものがあります。いくつかに分類して説明されているんだけど、分類されるっていうことは、単に分類マニアがしたいからするっていうわけではなくて、法律上の取扱いがそれぞれ違うっていうことなんだよね。法律で重要なことは、ある事や物・者がどのような適用関係にあるか、っていうことであって、だから、名称が異なったり、分類がされている、っていうことは、法律上の取扱いが違うっていうことになるわけ。

　どういうふうに違うかっていうと、まず一般行政職員というのがあって、これはまあ推測できるように、地方公務員法がそのまま適用される。といっても、問題がまだあるんだな。それは、公務員関係も広い意味の労働関係の１つだから、一般の労働関係の法律はどうなるの、っていうこと。そこで58条を見てもらうと、労働組合法、労働関係調整法、最低賃金法の３つは適用にならない、と書いてあるでしょ。これは地方公務員に原則として団体交渉権や争議権が認められてないから当たり前というわけ。じゃ、労働基準法はどうなるの、っていうと、これは一部分を除き、原則として適用になります。国家公務員はこの点違っていて、労

働基準法も適用されません。

　これに対して、地方公務員法をそのまま適用しちゃうとまずい、という職種があって、57条をみるとそういう職種には別の法律で特例を定めます、となっている。ざっとそれを見てみると、まず、教職員という職種では、教育公務員特例法というのと、地方教育行政の組織及び運営に関する法律というのがあります。たとえば、県費負担教職員というのがあって、国の教職員を除いて、大部分はこれにあたるんだけど、任命権者は都道府県の教育委員会にあるというんだよね。で、その勤務条件は都道府県の条例で定めることになっている、という具合。ほかにもいろいろな特例法があります。

　同じように、警察職員には警察法というのがあるし、消防職員には消防組織法がある。船員には船員法や船員保険法というのがある。企業職員と一定範囲の単純労務職員には地方公営企業法と地方公営企業等労働関係法があって、特定地方独立行政法人の職員には、地方独立行政法人法と地方公営企業等労働関係法があって、この場合には労働基本権が原則として認められるから、労働組合法なんかも原則として適用されるっていうことになるんだよね。

　というように、法令の適用関係というのは込み入っていて分かりにくいんだけど、アウトラインは理解してもらえたかな。

(1) **地方公務員の種類**（3条）
　　一般職　特別職以外の一切の職（＝職員）
　　　行政職員、教職員、警察職員、消防職員、企業職員、船員等
　　特別職　任期職（法令で定める任期）・成績主義の不適用
　　　選挙・議会の同意による就任＝首長、議員、副知事等
　　　非専務職＝臨時・非常勤の委員、委員会の構成員、顧問等
　　　　　　　非常勤の消防団員・水防団員
　　　自由任用職＝公営企業管理者等
　　　　　　　　条例で定める首長・議長等の秘書
　　常勤（短時間勤務も含む）
　　非常勤（区別は法令の適用分野によって異なる）
　　任期付職員

(2) **法の適用関係**
　　地方公務員法の優先性（2条）
　　地方公務員法の職員（一般職）への適用（4条）
　　労働関係法の適用関係（58条）
　　　労働組合法・労働関係調整法・最低賃金法の不適用
　　　労働基準法の一部不適用
　　特例法（57条）
　　　教職員＝教育公務員特例法、地方教育行政組織運営法
　　　特定地方独立行政法人の職員＝地方独立行政法人法
　　　企業職員＝地方公営企業法、地方公営企業等労働関係法
　　　単純労務職員＝同上（地方公営企業等労働関係法附則5項）
　　　警察職員＝警察法、消防職員＝消防組織法
　　　船員＝船員法、船員保険法　　　その他

**問1** 次の記述のうち、誤りはどれか。

1 地方公務員は特別職と一般職に分けられ、地方公務員法は一般職の地方公務員に適用される。
2 地方公共団体の議会の議員及び地方公営企業の管理者は、特別職に該当する。
3 地方公務員にあたるかどうかは、その扱う事務、任命行為、勤労の対価の3つの面から総合的に判断する。
4 常勤の職員も非常勤の職員も、勤務時間が異なるだけで、それ以外の給料などの勤務条件については同じ扱いになる。
5 地方公務員には、労働組合法、労働関係調整法、最低賃金法の3つは適用にならない。

**問2** 次の記述のうち、正しいものはどれか。

1 一般職の中にも、その就任について議会の同意を得なければならない職があり、副知事や副市町村長はその例である。
2 選挙管理委員会の選挙管理委員は、一般職に含まれるが、定員管理の対象外である。
3 特別職は、終身的かつ職業的公務員の職であり、特別職に任用された者には地方公務員法が全面的に適用され、その身分が保障されるし、成績主義の原則も適用される。
4 教育公務員には教育公務員特例法が適用されるので、公立学校に勤務する教職員の給与の種類及びその額は、国立学校の教職員に準じて任命権者（教育委員会）が定める。
5 職員の勤務時間については、原則として労働基準法の労働時間に関する規定が適用される。

《指針》　ポイントは特別職と一般職の区別とその内容、それと、これは細かくなるけど、特例の法律関係、この2点を押さえておけばいいと思う。と言っても、法律関係の詳しいことは説明しなかったから、ちょっと難しいかな。それでも基本を理解していれば分かると思うよ。

　問1は、基本のキ、と言える問題。特別職が列挙してある3条3項は一度じっくりと読んでおいてほしい。常勤と非常勤との違いは、もちろん勤務時間が基本にあるけど、非常勤には給料ではなくて報酬、社会保険や災害補償なども違うよね。労働関係法規の適用関係は、基本を理解しておいてもらえばいいんだけど、具体的な事柄になると難しい問題は出てくる。おいおい説明することになると思う。

　問2はやや難しい。副知事や副市町村長は、もちろん議会の同意を必要とする人事だけど、これは一般職ではなく、特別職になるよね。次の選挙管理委員会の選挙管理委員も特別職で、これは議会の同意ではなくで、議会で選挙する。こういった行政委員会の委員については、自治法に基本的な規定があるから見ておいた方がいいと思うよ。問題文にある定員管理の点について触れておくと、自治法では、職員の定数は条例で定める、となっているんだよね。この「職員」には選挙管理委員は入らない、だから管理外なんだよね。問題のポイントではないけど、念のため。選択肢3は、一般職に妥当する記述。4は教育公務員特例法を見ていないと分かりにくいけれど、特例法は、教育公務員の任免、分限、懲戒、服務、研修について特例を定めているもので、給与などは地方公務員法の原則によっているんだよね。でも、これを知らなくても、給与条例主義を聞いたことがあれば推測は働くはず。勤務時間などの勤務条件は、原則として労働基準法が適用されて、具体的には条例で定める。この点はまた勤務条件のところで見るけどね。

《参照条文》地公法3・4・58条、自治法162条・172条3項・181条、
　　　　　　教特法

《正解》問1＝4、問2＝5

## 第1章　地方公務員と人事機関

### 第3回　●人事機関

人事機関とは/任命権者とは/任命権の委任/人事機関としての行政委員会/人事委員会/公平委員会/行政委員会の組織/人事行政の運営状況等の公表

　ええと、武士の棟梁と言えば天下の将軍だけど、江戸の世の川柳では江戸幕府を開いた家康公を茶化したりする句には、どうもお目にかからないんだね。公方様のお膝元ではお追従の句になってしまうらしい。
「夏まけも冬まけもせず御凱陣」
徳川家康が大坂冬の陣、夏の陣でいくさに勝って凱旋したとき、70歳余だったという。にもかかわらず病気一つせずに無事帰城したのはまことに祝着なことだ、というんだけど、信長、秀吉になると違うんだね。
「信長は日本一の猿づかい」
猿はいわずもがなの秀吉で、でもやっぱり信長を褒めてんのかな。

### ◆人事機関とは

　で、猿づかいならぬ人づかいの話に入って、人事機関なんておかしな名前だけど、どんなものかっていうと、地方公共団体の人事行政について最終的な権限を有する機関だというわけ。地方公共団体は公務員を雇って仕事をしているんだけど、その地方公務員を雇ったり、辞めさせたり、いろいろなポストに配置したり、勤務条件や組織構成を決めたり、っていうことをするのが人事行政と言われるものなんだな。で、そのなかではいろいろな決定をしなければコトが転がっていかないから、誰かが決めなくちゃならない。でもみんな勝手にやったら困るから、だれかに最終的な権限をもたせなければならない。これが人事機関なのです。

　もともと、人事の権限をもっているのは、地方公共団体そのものなんだな。それはそうでしょ、別に市長に雇われているんじゃなくて、市そのものに雇われている、だから市全体の奉仕者なんだよね。でも、市とか県なんていうのは人間の観念の産物だから、当たり前のことだけど、

自分で雇ったり辞めさせたりはできない。そこで、人事機関という組織が代わりにやることになるわけ。もっとも「機関」というのも観念の世界だから、実際にはその機関にいる人間がやるんだけどね。

　じゃ、その人事機関というのにはどういうものがあるかっていうと、任命権者と、人事委員会・公平委員会という行政委員会とがあります。

## ◆任命権者とは

　まず、任命権者というのは、人事権を職員に対して直接行使する機関だというわけ。じゃ、人事権って何かっていうことになると、それは、職員の任命、人事評価、休職、免職、懲戒などを行う権限だ、と言われているんだよね。簡単に言えば、地方公務員を雇ったり、その能力と業績を把握して勤務成績を評価したり、辞めさせたり、ポストにつけたり、っていうことをする権限が人事権で、その権限を法令の定めるところによって行使することができるのが任命権者だということ。具体的にどういう機関かというと、そうそう、まっさきに地方公共団体の長が思い浮かぶでしょ。知事や市町村長です。ほかには、議会の議長、代表監査委員、警視総監・道府県警察本部長、消防長なんかそうだし、教育委員会、選挙管理委員会、人事委員会、公平委員会といった行政委員会も委員会として任命権者になっている。これはまた特別だけど、市町村の教職員については、県費負担教職員の任命権者は都道府県教育委員会となっています。もっとも、人事権って言ったって、その下にいる公務員についてであって、違うセクションの公務員に対して勝手に人事権を行使するなんてことはできないけどね。だからちょっと注意してもらいたいのは、人事委員会や公平委員会が任命権者だということは、そこに所属する公務員についてだということ。

## ◆任命権の委任

　ま、こういう形で、地方公共団体そのものが持っている人事権が任命権者に分けて与えられている、ということになるわけだけど、実際にはそれでも任命権者が自分の権限の範囲にいる公務員全体を見るなんてこ

とは難しいんだよね。人数は多いし、人事の項目も多い。そこでどうするかっていうと、任命権を委任できる、ということにしちゃうんだな。

どういうことかっていうと、任命権者から「上級の公務員」に、その権限の一部を委任する、というわけ。委任を受けた「上級の公務員」は、その限りで任命権者となるんだけど、反対に委任した任命権者からはその部分の権限はなくなってしまう。まあ、これが「委任」ということではあるんだけどね。もっとも、最終的な権限は元の任命権者にあるんだから、委任しても最終責任は負わなくてはならない。

これと違うのが、たとえば部長とか課長といった人に任命などの事務を任せるっていうことで、これは委任ではないわけ。部長や課長は自分の名前で権限を行使するんじゃなくて、あくまでもたとえば市長などの名前でやる。委任を受けた機関、というのではなくて、単に「補助機関」に過ぎない、と言えばいいかな。

委任の範囲はいろいろで、たとえば、何級以上とか以下の職員について、といった職の上下の区分でやったり、昇任とか転任とかの任用の種類によってやったりすることもあるし、出先機関といった地域や機関によって限定することもある。ただ、任命権の全部だとか、大部分だとかは委任できない、と言われています。だってそうしたら、法律がわざわざ任命権者とした意味がなくなっちゃうもんね。それと、委任された権限をまた別の機関に委任できるかっていうと、これもできない、とされています。いわゆる「再委任」は、法律にそれができると書いてなければダメ、ということ。あ、それから、法律に明確に規定されている任命権については委任できない、と解釈されています。たとえば、知事は副知事と会計管理者を任命する、っていう自治法の規定があるでしょ。だから、会計管理者の任命を副知事などに委任することはできないということ。

でも委任できる「上級の公務員」ってどういうことなの？あ、やっぱりそう思うでしょ。これははっきりしないんだよね。たとえば支所長と

か出張所長とか警察署長とかが考えられるけれど、一律にこうだっていうふうには言えないんだな。「上級」と言える位でないとダメだけど、結局、総合的な判断による、という、まあ常套句に逃げるしかないな。

特別の任命権の例として代表的なのを挙げておくと、市町村の教職員は、普通は人件費を県ももっているから県費負担教職員って言っているんだよね。で、県費負担教職員の任命権は、県の教育委員会にあります。この場合は「地方教育行政の組織及び運営に関する法律」という長ったらしい名前の法律によって、いろいろな機関に委任ができるし、再委任もできる、っていうことになっています。もっとも、市町村の教育委員会は内申権というのを持っていて、まったく「かやのそと」されているわけではないんだよね。

### ◆人事機関としての行政委員会

次に、人事機関とされる行政委員会というのは何かというと、これは任命権者が人事権を適正に行使するように助言したり、審査したりする機関です。だから、人事権を直接行使する立場にいるわけじゃないんだよね。任命権者というのは、普通はその組織の仕事を遂行する責任を負っているから、人事行政そのものを研究しているわけにはいかない。第一、何から何まで任せちゃって、どこにもチェックするものがなければ、やはり権力は腐敗するし、危ないことにもなっちゃうんだよね。だから、任命権者とは別に、そういうことを研究したり、チェックしたりする機関が必要だ、ということになるわけ。それが近代的公務員制度にもなるってことは前にも言ったとおり。

本来こういうことは、労使間の交渉で決めることだろうし、憲法や法律で労働者の争議権なんかが認められているのもそういう趣旨なんだけど、公務員にはこれが制限されているものだから、その代わりになるものとして考えられたのが、この行政委員会制度だというわけ。

これをこむずかしい言葉でまとめると、第1に、成績主義に基づく科学的人事行政のための専門的人事行政機関が必要だということ、第2が、

公務員の労働基本権制限の代償措置が必要だということ、この2つの必要性から人事機関である行政委員会が置かれているのであります。

## ◆人事委員会

その行政委員会には人事委員会と公平委員会があるけど、両方必要なのではなくて、どちらかを設置すればいいことになっています。人事委員会は都道府県と政令指定都市には置かなければならない。これに対して、人口15万以上の市と特別区では設置が任意になっている。つまり、公平委員会か、人事委員会かどちらかを選びなさい、というわけね。

実際にどういうことをするか、どのような権限をもっているかというと、3つに分類して説明するのが普通で、それに倣っちゃうと、準立法的権限、準司法的権限、行政的権限の3つです。準立法的権限というのは、要するに人事委員会規則という法令を制定することができるということ。準司法的権限というのは、勤務条件に関する措置の要求というのを職員はすることができるんだけど、それを審査することと、職員に対する不利益処分についての審査請求を審査すること、それから、職員の苦情処理というのもこれに入るね。あ、これらの内容は後に譲ります。行政的権限というのは、そのほかの事務で、たとえば人事行政に関する勧告や調査研究、競争試験や選考の実施といったことが含まれる。

この行政的権限のうち人事委員会規則で定めるものは、他の機関や人事委員会の事務局長に委任することができるし、競争試験や選考は、他の地方公共団体の機関と共同して行ったり、国や他の地方公共団体の機関に委託したりすることができます。それから、準司法的権限のうち、苦情処理については、委員や事務局長に委任することができます。

そのほか、必要な場合には証人喚問や書類提出を要求できる、という強制権限も持っているんだよね。

## ◆公平委員会

もう1つの公平委員会というのは、人口15万未満の市、町、村、地方公共団体の組合に置かなければならないっていうわけ。その権限は人事

委員会の場合より限定されているって説明されているんだけど、要するに行政的権限は認められていないんだよね。つまり前に言った行政委員会の2つの機能のうち、第2の方に重点が置かれていると言っていいんだろうな。だから、他の地方公共団体と共同で設置してもいいし、その事務を他の地方公共団体の人事委員会に委託してもいい。その場合は、議会の議決によって定める規約に基づくことが必要だけど、まあ、あまり小さい団体では負担になるから、というわけだろうね。それから、苦情処理については、委員や事務局長に委任することができます。

ただし、これには特例があって、公平委員会も、条例で定めれば、職員の競争試験と選考の実施ができるんだね。この場合は、他の地方公共団体と競争試験等を行う公平委員会を共同設置することもできるし、また、その地方公共団体の他の機関やその公平委員会の事務局長に、試験・選考の事務のうち公平委員会規則で定めるものを委任するということも認められています。そのほかに、競争試験等を他の地方公共団体の人事委員会などと共同して行ったり、国や他の地方公共団体の機関に委託して行うこともできます。

◆**行政委員会の組織**

最後にざっとこの行政委員会の組織運営をみてみると、人事委員会も公平委員会も、委員3人で組織されます。それぞれ、議会の同意を得て、地方公共団体の長が任命します。だから特別職っていうわけよね。人事委員会の委員は、常勤、非常勤、両方ありうるけど、公平委員会の委員は非常勤です。任期は4年で、議会の議員やその地方公共団体の地方公務員との兼職は禁止されているけど、原則として身分は保障されている。ただし、同一の政党に所属する者が2人になったら、後からその政党に所属することとなった委員は罷免される。

委員長は委員会で選挙されるから、首長が指名するわけにはいかないよね。全員出席しないと会議は開けないし、その過半数で議事を決する、というから、2人が意見一致しないとダメということになるね。議事録

も取って置かなければならない。

　人事委員会には、原則として事務局が置かれます。事務局には、事務局長とその他の事務職員が置かれて、人事委員会の事務を担当する。委員は、この事務局長の職を兼ねることができるんだね。もっとも、人事委員会の設置が任意となっている地方公共団体では、事務局を置かないで、単に事務職員を置くだけでもいいことになっている。これは、公平委員会についても同様だね。つまり、競争試験等を行う公平委員会は、事務局を置き、事務局長その他の事務職員を置くことができるし、その委員が事務局長を兼ねることができます。競争試験等を行わない公平委員会では事務職員を置く、ということだね。もちろん、事務局長も含めて事務職員の任命権は人事委員会や公平委員会にあります。

◆人事行政の運営状況等の公表

　このように人事機関が人事行政を担当しているけれど、それぞれの機関の間の連絡・報告や、その内容を公表するということが定められているんだね。公表することによって住民の監視のための資料にする、ということです。

　まず、任命権者は、条例の定めるところにより、毎年、地方公共団体の長に、人事行政一般の運営状況を報告しなければなりません。また、人事委員会・公平委員会も、同じように、毎年、地方公共団体の長に、業務の状況を報告しなければなりません。これらを受けた地方公共団体の長は、毎年、任命権者からの報告を取りまとめてその概要を、また、人事委員会・公平委員会の報告を、それぞれ公表しなければならないんだね。

　さらに、これはまた後で見ることになるけど、給与に関する条例には、給料表と等級別基準職務表を定めなければならないんだけれど、任命権者は、その等級と職制上の段階ごとに、職員の数を、毎年、地方公共団体の長に報告しなければならず、長は、毎年、この報告を取りまとめて公表しなければならない、とされています。

## まとめ

(1) **人事機関**
　＝地方公共団体の人事行政について最終的な権限を有する機関
　・任命権者と人事委員会・公平委員会

(2) **任命権者**（6条）＝人事権を職員に直接行使する機関
　人事権＝職員の任命・人事評価・休職・免職・懲戒等を行う権限
　首長、議長、代表監査委員、警察本部長、教育委員会等
　任命権（の一部の）委任→上級の公務員

(3) **行政委員会**
　任命権者が人事権を適正に行使するよう助言、審査する機関
　・成績主義に基づく科学的人事行政のための専門的機関
　・公務員の労働基本権制限の代償措置

(4) **人事委員会**（7・8条・8条の2）
　設置　｜必要　県・政令指定市
　　　　｜任意　人口15万以上の市・特別区
　権限　｜準立法的権限　　規則制定
　　　　｜準司法的権限　　措置要求審査・審査請求審査
　　　　｜行政的権限　　　勧告、試験実施
　　　他の機関、事務局長への委任可能（準司法的権限除く）

(5) **公平委員会**（7・8条・8条の2・9条）
　人事委員会を置かない団体が設置
　権限　準立法的権限・準司法的権限／競争試験等の特例
　　　　共同設置、他の人事委員会への委託可能

(6) **委員会の組織**（9条の2～12条）
　3人の委員＝長の任命・議会の同意、任期4年、身分保障
　委員長互選、事務局設置、会議は全員出席・過半数議決

(7) **人事行政の運営の状況等の公表**（58条の2・58条の3）
　任命権者・行政委員会→長への報告→長が公表（毎年）

**問1** 次の記述のうち、正しいものはどれか。

1 都道府県、政令指定都市及び人口15万以上の市は、人事委員会を置かなければならない。
2 任命権者とは、職員の任命をはじめ、休職・免職・懲戒等の人事権を職員に対して直接行使する機関をいう。
3 人事委員会も公平委員会も、規則を制定する権限と人事行政に関する勧告をする権限とを有する。
4 人事委員会は、他の地方公共団体と共同して設置することができるが、公平委員会はできない。ただし、公平委員会の事務を他の地方公共団体の公平委員会に委託することができる。
5 人事委員会の委員と公平委員会の委員は、地方公共団体の議会により選挙される非常勤の特別職で、任期は3年である。

**問2** 次の記述のうち、誤っているものはどれか。

1 地方公共団体の任命権者としては、地方公共団体の長、議会の議長、選挙管理委員会、代表監査委員、教育委員会、人事委員会・公平委員会、警視総監・道府県警察本部長などがある。
2 任命権者は、人事権の一部をその補助機関たる上級の地方公務員に委任することができる。ただし、再委任はできない。
3 人事委員会は、その権限の一部を他の機関又は人事委員会の事務局長に委任することができる。ただし、意見申出や勧告の権限、勤務条件に関する措置要求及び不利益処分についての不服申立てに関する権限並びに規則制定権については、できない。
4 人事委員会は、勤務条件など職員に関する制度について研究の成果を議会、長、任命権者に提出することができる。
5 人事委員会又は公平委員会の委員の選任については、いずれの

> 委員も政党に属する者であってはならない。政党に属することとなった場合は、長が議会の同意を得て罷免する。

《指針》　人事機関のポイントは、任命権者というのはどういうものか、その代表的な具体的な機関名を確認しておくこと、人事委員会と公平委員会の設置とその権限内容の違いを把握しておくこと、かな。人事委員会の権限は、3つに分類できるけれど、具体的には11項目に列挙されているから、これは一度条文を読んでおいてほしいんだけどね。

　で、問1では、人事委員会を置かなければならない地方公共団体と、置くことができる団体、公平委員会を置く団体、この区別を明確にしておくことだね。次の任命権者と人事権の概念はこれで正しいよね。となると、次の3つは間違いなんだけれど、なぜ間違いかは確認した方がいいよね。人事委員会と公平委員会の違いは、①人事行政に関する権限・事務があるか、②共同設置や事務の委託ができるか、③行政的権限を他の機関や事務局長に委任することができるか、④事務局を置くことができるか、といったことにあるから、整理しておいてほしい。

　問2は、教室で触れなかったこともあるけど、条文をちょっと読んでおけばできる問題だと思う。任命権者とその権限の委任は条文どおりだし、人事委員会の権限委任もそのとおり。ただし、苦情処理については、委員か事務局長に委任できる。なお、人事委員会の行政的権限としては、具体的には、人事記録の管理、研究成果の提出、意見申し出、勧告、競争試験と選考、給与支払いの監理、研修の企画、といった項目がある。委員の政党所属関係の規制は、2人が同じ政党に属するようになってはいけない、ということで、そうならない限り政党への所属は自由なんだな。だから、5が間違いということだね。

《参照条文》　6・7・8・9条の2・10条
《正解》問1＝2、問2＝5

# 第2章

## 任用と離職

＊

---

第4回
法律適用の原則と任用
第5回
任用の種類とその運用
第6回
競争試験と選考
第7回
条件付採用・臨時的任用
第8回
離職

| 第2章 | 任用と離職 |
| --- | --- |

### 第4回 ●法律適用の原則と任用
法律適用上の原則／任用とは／任用の根本基準／任用の一時的基準／標準職務遂行能力／欠格条項

　ええと、侍奉公もいろいろで、決まった主君に家代々ずっと仕えたのもあれば、若党（わかとう）とか中間（ちゅうげん）とかの年季奉公もあって、こういった下級武士は、あちらこちらと奉公先を渡りあるくのが多かったらしいね。こんな句がある。
　「三両でもうさむらいの部にはいり」
　「三両」は三両侍（さんりょうざむらい）のことで、三一侍（さんぴんさむらい）とも言ったという。こういった渡り奉公の下級武士一般の蔑称だったようで、若党の1年の給料が3両か3両1分だったこと、あるいは中間が年給3両と一人扶持（1日に5合の玄米）だったことによるらしい。若党は武家屋敷で雑用をする身分の低い家来、中間はまたその下なんだけど、町人に対しては威張っていて嫌われていたんだろうね、それでも武士と言えるんだね、という句だな。

#### ◆法律適用上の原則
　で、今回は奉公ならぬ任用に入るんだけど、その前に、この地方公務員法を適用する場合の原則というのがあるから、これについてちょっと触れておきます。地方公務員制度の原則を話したときには触れられなかったんだけど、平等取扱の原則と情勢適応の原則の2つ。
　まず平等取扱の原則だけど、この法律を適用する場合には、すべての国民は平等に取り扱われなければならない、という内容なんだよね。これ、どこかで聞いたことがあるでしょ。そう、憲法にあるんだよね、法の下の平等ってのが。意味は同じことなんだけど、実は、憲法と違うところは2つあります。1つは、これに違反して差別したら刑罰が科せられるっていうこと。もっとも、差別したかどうかはなかなか判定の難し

いことだから、罰則の実効性となるとハテナとなるけどね。2つは、政治的意見や政治的所属関係で差別はしないけれど、欠格条項では別ですよ、ということが明確に書かれていること。まあ、これは解釈でも導き出せる結論なんだけどね。

　この原則は、「職員」だけでなく、国民すべてを対象にしているということにご注意。あ、地公法が国民全体に関係するなんてことあるの？って思うでしょ。ところがあるんだな。だって採用するときは一般国民が対象でしょ、だから誰でも採用試験を受けられなければならないっていうことになる。じゃ、外国人、特に永住外国人は国民じゃないから差別していいの？っていう問題が当然出てくるけど、法律から言えばそれは合法です、と言わざるを得ない。もちろん、地方公務員に外国人を採用できるようにすべきだという論があるし、その方向に踏み込んだ地方公共団体もある。国の方も、一律にダメではなく、もう少し具体的に職種など検討すべきだとは言っているよね。国公立の大学に外国人教員を任用できるようにした法律もあるしね。でも、「当然の法理」と言っているけど、外国人は公権力の行使や自治体の意思形成に参画することはできないというのが原則とされていて、これは国の主権に関わる問題なんだな。判例でも、東京都管理職任用拒否事件という有名なのがあって（最判平17.1.26）、この法理を認めているんだね。この論に対してはいろいろと批判や反論があるけど、難しい問題だからここまでにしておきます。

　次の情勢適応の原則というのは、公務員の勤務条件が社会一般の情勢に適応するように何時も気をつけていて、適切な措置をとりなさい、ということ。労働基本権が制約されていることに対する代償的な意味があると言っていいでしょ。でもこれって適用上の原則なのっていう疑問が出るでしょ。そうなんだな、これは勤務条件についての原則なのです。

◆任用とは
　そこでようやく任用の話に入るんだけど、任用っていうのは、任命権

者が特定の人を特定の職につけること、と言われている。要するに、地方公務員の制度があって、それは組織体系になっていて、その組織はいろいろな職を単位として組み立てられている、その単位である職に具体的な人を就ける、ということなんだよね。もちろん、それをする権限を持っているのは任命権者だっていうことは、前に見たとおり。だから、任用がなければ公務員制度は動かないことになる。

　でも「職」っていうけど、これ、具体的にはどういうことなんだろうね。定義みたいにいうと、1人の職員に割り当てられる職務と責任である、なんていうんだけど、要するに一つ一つの仕事の単位のようなものなんだな。課長とか係長とかというのは組織上の名称なんだけど、これとオーバーラップしている部分が大きい、と考えていいと思う。何々課の何々係の1係員、というのも職なんだよね。だから、職員は誰でも職を占めているし、逆にいえば、職に欠員がない限り、つまりある職の職員が欠けているとか新たに職ができたとかという場合でなければ、任用はできないということになるわけね。そういうことから、休職している者も職を有している、という行政実例が出てくる。休職という職があるわけじゃないけどね。

　でも「職員」という言い方をしていることと「職」とはどういう関係があるのって疑問あるでしょ。国家公務員なら事務官とか技官とかなんだけど、これは「官」と言われていて、要するに公務員という身分・地位をあらわすもの。昔は、この「官」と「職」は分離していて、官に任ぜられてから、ある職・勤務を命ぜられる、これを補職と言って、別々だったんだよね。でも今は、少なくとも地方公務員法のタテマエ上は、身分と職は一体で、採用されるということは職に就くことで、これは同時に職員になるということでもある、ということになっている。とは言っても実際上は、そんなふうに割り切れなくて、いつも一体として扱われているとは言い切れないんだな。そういう実際とタテマエとの混在が、分かりにくくしているんだと思う。

◆**任用の根本基準**

　ということで任用の基本的なことが分かったから、どういうふうにするかっていうのが次の問題になるわけ。ここでまた根本基準というのがでてきます。任用は、この原則に則って行われなければならない、っていうものなんだけど、これがもうお馴染みの成績主義の原則です。ただし、法律では成績主義とは言っていなくて、能力の実証に基づかなければならない、としています。これは、能力及び実績に基づく人事管理を徹底し、能力と適性に基づく任用を行う、さらには、能力と業績を把握した上での人事評価を行い、これを任用だけでなく、給与、分限その他の人事管理の基礎とする、という原則なのであります。

　ちょっとしつこいかもしれないけど、この成績主義あるいは能力主義の原則の目的は、第1に、組織運営の能率を上げるということで、第2に、職員の身分を保障するということだ、というのは前にも言ったとおり。違った言い方をすると、第1は人材の確保と育成で、第2は人事の公正の確保だ、ということにもなります。この任用の根本基準に違反すると、「3年以下の懲役又は100万円以下の罰金」になるということに注意ね。もっとも、この罰則も、どのような具体的な行為がこの原則の違反になるのか判定しにくいから、実効性に問題がないとは言えないんじゃないかな。

◆**任用の一般的基準**

　その能力の実証に基づいて、どういうふうに任用をするか、っていうのが次の問題になるんだけど、任用には正式任用と臨時的任用とがあるわけ。臨時的任用はまた別に見る予定だから後にまわして、正式任用には、採用、昇任、降任、転任の4種類があります。だからこのうちのどれかによって、ある人をある職に就けることになる。適切な方法を選択する、というわけ。でも場当たり的にやっちゃ困るから、人事委員会はその一般的な基準を定めることができる、ということになっています。どういう場合にはどの種類の方法を使う、ということを決めることであ

って、だれをどうする、という具体的なものではないことは当然。これは原則としては公平委員会には認められていない権限です。ただし、条例で定めれば公平委員会も競争試験・選考の事務を行うことができるっていう話をしたけど、その事務ができる公平委員会も、この一般的な基準を定めることができます。あ、それから、任用の種類・方法としては、実際にはこれだけでなくて、運用上の方法がいくつかあるんだけど、それも後で説明します。

### ◆標準職務遂行能力

　で、その一般的な基準に従って任用をすることになるけど、それは具体的な職員についてどうやって決めるのかというと、これは、基本的には、人事評価その他の能力の実証に基づいて、その就けようとする職の属する職務上の段階に応じた標準職務遂行能力と適性を有するかどうかを判断して決定する、とされています。標準職務遂行能力というのは、職制上の段階の標準的な職の職務を遂行する上で発揮することが求められる能力というもので、これに照らしてふさわしい能力を有するかどうかと、その職の適性を有するかどうかを判断する、それによって職制上の段階のある職務を遂行することができるかどうかを判定することになる、ということです。

　この標準職務遂行能力がどのようなものかは、任命権者が定める、その標準的な職というものも、職制上の段階と職務の種類に応じて任命権者が定める、とされているんだよね。ちょっと抽象的で分かりにくいかもしれないけど、たとえば、課長級とか係長級といった職制上の段階に応じて、標準的な課長だったら、構想、判断、組織統率、人材育成などなどの能力が求められる、といったことなんだね。首長と議長以外の任命権者がこういったことを定めるときには、事前に首長に協議しなければならない、ともされています。

　そうそう、地公法を見ると、「任用」と「任命」と両方使われているでしょ。どうちがうのかって思うでしょうけど、地公法でいう限り、ど

ちらも人を職に就けることを意味しているから、同じことなんだよね。

◆**欠格条項**

で、ある特定の人を特定の職に就けるンだけど、誰でも任用できるかっていうと、平等取扱の原則はあるけれども、どうしてもダメです、っていう人はあります。これが欠格条項と言われているもの。欠格条項に該当する人は、職員になることができないし、職員となるための競争試験や選考を受けることができないし、職員だったら当然失職する、ということになるんだよね。厳しいもんだけど、公務員が全体の奉仕者であり、公務の信用・信頼を確保するということから、やむをえないものなのであります。あ、法律には、条例で例外を規定することができるように書いてある、つまり、欠格条項に該当しても、職員にしたり、失職しなかったり、ということが自治体限りでできる、としているけど、どういう場合ならいいのか、よく分からないんだよね。どうもこの規定はおかしいんじゃない、というのが大方の意見の一致するところで、だから実際にもそんな条例はないはずです。

欠格条項は5つあります。

第1は、成年被後見人と被保佐人。これは法律上の行為能力がないか制限されている場合だけど、家庭裁判所の宣告によるから、明確だよね。

第2は、禁錮以上の刑に処せられた者。禁錮以上というのは、禁錮、懲役、死刑の3つで、刑期の長さは関係ないんだよね。この場合は、判決で刑の言渡しを受けて確定すると、該当することになる。でも、反対に、刑の執行を終える、刑の時効が完成する、刑の執行猶予期間を無事に終える、刑の免除の言渡しを受ける、といったことになれば、該当しないことになる。つまり永久にそのまま、というわけじゃない。

第3は、その自治体で懲戒免職処分を受けて、その処分の日から2年を経過していない者。だから、2年を過ぎていればいいし、他の自治体の処分なら関係ない、ということになる。でも、いくら他の自治体ならいい、といっても、懲戒免職は公務員としての適格性を欠くということ

だから、実際上はむずかしいけどね。

　第4は、人事委員会と公平委員会の委員が、委員である間に地公法の罰則によって刑に処せられた場合。地公法の刑は罰金と懲役だから、罰金でも該当する、ということになる。もちろん、委員としての職責上犯した犯罪に限るけどね。ただ、注意してもらいたいのは、第2の場合には、刑の執行を終えると該当しなくなるけど、この場合は、その後一定期間が経過するまで、つまり刑の言渡しの効力が失われるまではダメ。もっとも、執行猶予のときは猶予期間を無事過ぎればいい。詳しくは刑法に譲ります。

　第5は、平等取扱の原則の例外だけど、日本国憲法やその下の政府を暴力で破壊することを主張する政党や団体を結成したり、これに加入したりした者。どういう政党や団体がこれに該当するかは、任命権者の判断に委ねられているんだけど、破壊活動防止法による指定団体なんかは当たるだろうと言われているんだよね。

## (1) 法律適用上の原則
　　平等取扱の原則（13条）
　　　すべて国民は平等に取り扱われなければならない
　　　　外国人の任用の問題　　「当然の法理」
　　　違反＝罰則（60条1号）
　　　例外＝憲法暴力破壊主張の政党その他の団体結成・加入者
　　情勢適応の原則（14条）
　　　勤務条件が社会一般の情勢に適応するよう適当な措置

## (2) 任用
　　意　　義＝任命権者が特定の人を特定の職に就ける
　　　　職＝1人の職員に割り当てられる職務と責任（身分と職とは一体）
　　根本基準＝能力の実証に基づく原則（15条）

## (3) 正式任用と臨時的任用
　　正式任用の種類＝採用・昇任・降任・転任（17条1項・15条の2第1項）
　　臨時的任用の制限（22条2項〜）

## (4) 正式任用の基準
　　一般的基準＝人事委員会・競争試験等を行う公平委員会が定める（17条2項）
　　人事評価を基礎とする→標準職務遂行能力と適性の有無を判断して行う
　　標準職務遂行能力＝職制上の段階の標準的な職の職務を遂行する上で発揮することが求められる能力として任命権者が定めるもの（15条の2第1項5号）

## (5) 欠格条項（16条）
　　・成年被後見人・被保佐人
　　・禁錮以上の刑に処せられ、その執行が終わらない者
　　・その地方公共団体で懲戒免職処分後2年内
　　・人事・公平委員会委員で地公法所定の犯罪により処刑
　　・憲法・合法政府の暴力的破壊を主張する政党の結成・加入

**問1** 次の記述のうち、誤っているものはどれか。

1 職員の任用については、成績主義の原則が適用され、これに反した任用を行った場合には刑罰が科される。
2 地方公務員法は、職員の任用の種類として採用、昇任、降任、転任の4つを定めているが、実際には、このほかにも運用によるいくつかの方法が採られている。
3 成年被後見人や被保佐人を公務員に任用することはできない。
4 市町村の場合は、その市町村を包括する都道府県で懲戒免職処分を受け、その処分の日から2年を経過していない者を採用することはできない。
5 一般に禁錮以上の刑に処せられた場合は公務員の欠格条項に該当するが、人事委員会の委員の場合には、罰金刑でもこれに該当することがありうる。

**問2** 次の記述のうち、正しいものはどれか。

1 地方公務員の採用に当たっては、政治的意見又は政治的所属関係によって差別してはならないとされているので、いかなる政党であれ、その結成やこれへの加入について差別してはならない。
2 職員の職に欠員を生じたときは、新たに職に就けることによって職員となるのだから、採用によってのみその職の欠員を補うことができる。
3 職員の任用は、受験成績、人事評価その他の能力の実証に基づいて行われなければならないので、どんな任用についても試験をしなければならない。
4 禁錮以上の刑に処せられた者は、その執行を終わるまで、又はその執行を受けることがなくなるまでの間は、職員となること

ができないが、それ以後は可能である。
5 人事委員会の委員の職にあって平等取扱の原則に違反して差別をし、これにより罰金に処せられた者は、職員となることはできないが、公平委員会の委員となることはできる。

《指針》　ここでのポイントは、欠格条項と任用の方法だろうね。法適用の原則なんかはあまり問題にはならないんだけど、理解はしておいてもらいたいな。欠格条項は分かりにくいから、それぞれがどういう意味かよく読んでおいた方がいいと思うよ。

　問1では、成績主義は任用の根本基準だけど、これの違反に対する罰則があることは要チェックだね。任用の方法は記述どおり。後半の3つは欠格条項だけど、懲戒免職処分については、その地方公共団体の処分であること、処分後2年までであること、がポイントだね。都道府県と市町村とは関係ないから、この点は注意だな。刑については、人事委員会又は公平委員会の委員の職にあるときの刑では罰金も含まれること、執行を終わるまでというような期限がないこと、がポイント。

　問2はやや細かいね。平等取扱の原則を規定している13条では、わざわざ16条5号の場合、つまり「日本国憲法又はその下に成立した政府を暴力で破壊することを主張する政党その他の団体を結成し、又はこれに加入した者」についての差別を例外として認めているんだね。職員の職に欠員を生じたときは、任用の4つの方法のいずれかによって任命する。その際、必ず試験成績によらなければならないわけじゃなくて、能力の実証によればいいんだね。4は記述どおり。5は9条の2第3項に規定があって、委員にはなれない。委員で悪いことをしていて、また委員になれるなんてのはおかしいものね。ただ、根拠が16条ではないんだね。

《参照条文》15条、16条、17条1・2項、61条2号、13条、9条の2第3項

《正解》問1＝4、問2＝4

| 第2章 | 任用と離職 |

| 第5回 | ●任用の種類とその運用 |
任用の種類／採用／昇任／降任／転任／運用上の方法

　ええと、前回、侍奉公なんて言葉を使ったけど、江戸時代にはそんな言葉はなかったらしく、奉公と言えばもともと武士の間で主君に対してする勤務のことだったらしいね。これが庶民の間での雇い人と雇い主の勤務関係をも言うようになったんだという。で、庶民の間の奉公は、出替奉公と年季奉公に分けられていて、年季奉公は1年以上の年季を決めて奉公するもので、始める時期はいつでもよかったんだね。若党や中間の年季奉公もこれと同じだったんだな。でも、このほかに、特に侍に取り立ててもらうということも、なきにしもあらずだったらしい。
「いい妹もって二むらい様になり」
妹が殿様のお妾になったお蔭で、兄も侍に取り立ててもらった、それでも「さ（三）むらい」とまでは言えず、ひとつ欠けて「二むらい」程度の武士だな、という句。武士に取り立てることができるような殿様だってそんなに数はいなかったろうし、町の娘がお妾になるチャンスだって少なかったろうから、まあ、宝くじにあたったようなものと思うけど、実際にあったんだろうね。落語にも妾馬(めかうま)という咄があるしね。

### ◆任用の種類

　そこで任用の続きだけど、地公法では、任用は、採用、昇任、降任、転任、という4つの種類に分けられているっていう話はしたよね。職員を任命する場合にはこのうちのどれかによることになっていて、ではどれにするかなっていうことについては、人事委員会、あるいは競争試験と選考の事務を行うことができる公平委員会が一般的基準を定めることができるっていうこともね。もう一つ、定年制に関係して、再任用という制度があって、これも任用の種類と言って言えないこともないんだけ

ど、採用に含まれるとされるから、原則的な任用の種類として掲げることはしないんだね。

### ◆採用

　じゃ、それぞれどういう意味なの？っていうのが次の問題になるわけ。まずは採用だけど、これは、現在職員でない人を職員としての職に任命すること、と言われています。ただし、臨時的任用は除かれます。ここで「職」というのを思い出してほしいんだけど、「職」に就いていないと職員ではない、つまり具体的な職を占めることと職員の身分を保有するということは同じだったよね。だから結局、採用っていうのは、新たに人を職員とすることなのであります。なんだ、当たり前のことじゃないか、と言われればそれまでだけど、具体的な「職」に任命するっていうことにポイントがあるんだよね。「地方公務員」に任命する、というわけじゃなくって、職に任命したことによって、その人と地方公共団体との間に公務員関係が成立することになる、という関係なんだな。

　その「公務員関係が成立する」っていうのは、法律的にはどういう性質の事柄なんだろうか、という問題があります。これがよく言われる特別権力関係。なんとなく時代がかった言葉だし、この考え方にはいろいろな反論があるんだけど、うまく公務員関係を言い表す概念がないもんだから、生き延びている言葉なんだよね。これは一般権力関係に対立する概念なんだけど、ある特定の者に包括的な支配権が与えられて、他方がこれに服従しなければならない、という関係のこと。ただし、公法上の特定の目的のために必要な限度において認められるものだとされています。だから、政治的行為は制限される、労働基本権も制限される、という特別な関係にあるけれども、それは必要最低限の制限でなければならない、ということになるわけ。

　分かりにくいけど、要するに、一般の人と権力との関係よりも、支配・服従関係が特に強いものであって、それは特別の法律上の原因で成立するものなのです、ということなんだな。たとえば、犯罪を犯して懲役

刑になったとすると、刑事施設、つまり刑務所や拘置所だけど、この中に入れられて、生活はすべて刑事施設の指示に従わなければならない。こういう関係を言うっていうこと。もちろん、公務員関係が刑事施設と一緒だというわけじゃなくて、法律的な考え方として同じ概念で説明される、ということだけど。

そういう関係が成立することになる「採用」の性質は？っていうと、これにはいろいろな考え方があります。労働契約と同じように、地方公共団体と採用される者とが対等の立場に立ってする契約だけど、普通の契約が私法上のものなのに対してこれは公法上の契約だ、という説がある。これに対して、行政庁が一方的に、任命という行政行為をすることだという一方的行政行為説というのもある。この違いがどういうところに出てくるか分かるかな？そうそう、職員になる方の意思がどれだけ重要な要素になるかっていうことだよね。だから、相手の意思、この場合は職に就くことについての同意だけど、これをまったく不要だというのは少し行き過ぎじゃないかな、かといって公務員関係というのは法律的には特別な関係だから、民間の労働契約と同じだというのもいささか疑問が残る。ということで、この中間的な考え方が今は一般的です。さらに言うと、この中にも大きく分けて２つの説があって、１つは、双方的行政行為説で、もう１つは、相手方の同意を要する行政行為説だと言われているんだけど、要するに、採用行為に相手の同意がなかったらどうなるか、無効だ、というのか、取り消すことができる、というのか、という違いがある程度なんだな。

採用については、また後で見るけど、条件付採用と言われるものがあって、正式採用はすべて条件付きだ、ということになっているんだね。もう一つ、大学教員や研究員から始まって、今では一般職にも拡大されている任期付職員の採用というのがある。この制度は、採用に当たって、原則として５年以内の任期を定めておくわけで、そういう意味では特別の採用なんだね。さきほどの再任用も特別な採用ということだね。

◆**昇任**

　次の昇任というのは、職員を、その人が現在就いている職よりも上位の職に任命すること。ここで問題なのは、何が「上位の職」か、ということだよね。定義としては、その職より上位の職制上の段階に属する職員の職とされています。具体的には、任命権者が定める標準職務遂行能力が職制上の段階に応じているから、これによって上位とか下位とかが決まってきます。地位で言えば、係長だとか課長だとか、というのもあるし、それぞれの団体で副主事、主事、副参事、参事なんていうのもあるでしょ。そのほかにも、給料表と等級別基準職務表で級が決められているから、上の級に格付けされれば、これも昇任ということになるんだろうね。そういうのは分かりやすいんだけど、どうもはっきりしないという場合も結構多いんだな。

◆**降任**

　昇任の反対が降任ということ。つまり、職員を、その人が現在就いている職より下位の職制上の段階に属する職に任命することなんだけど、これはキビシイよね、不利益処分なんだから。公務員は身分が保障されているから、原則として自分の意思に反して降任されることはないわけで、これは分限処分ということになるんだよね。これはまた後で詳しく見るけど、降任する場合は、法律で定める理由に該当しなければならない。それが28条1項に書いてあるんだけど、それ以外には降任することはできないということになるね。不利益処分だから、不服申立てをすることができることは知ってのとおり。

◆**転任**

　最後に転任というのがあるんだけど、これは職員を、昇任と降任以外の方法で他の職に任命すること。現に職員でいる人を他の職に就けるわけだから、もちろん採用とも違う。要するに、採用にも、昇任にも降任にもどれにも当てはまらない任命の方法なんだよね。でも、転任だから待遇は同じだ、と必ずしも言い切れないものがあって、転任であっても

不利益処分になる場合もある。たとえば、同じ校長でも、学校の規模とか世間一般の評価とかなんとかで、あそこの学校の校長よりこっちの学校の方が格が上っていうのあるでしょ。そうすると、こっちの学校からあそこの学校の校長先生になるっていうのは、転任ではあっても、不利益処分になることがあるというわけ。

　国家公務員の場合はちょっとこの種類分けが違っていて、転任は任命権者を異にする他の官職に就けることで、配置換というのが任命権者を同じくする他の官職に就けることだということになっています。

　ま、それはともかく、実際にはいろいろな任用の仕方があって、その具体的な任用がこの4つの種類のどれに当たるか、よく分からないものも結構多いんだな。実情に応じて判断する、というしかないんだよね。

◆**運用上の方法**

　で、実際にはこの4種類のほかにもいろいろな任用がされていて、弾力的運用などと言われているけど、その主なものを次に見ておきます。

　兼職というのは、ある職に就いている職員を、その職を持ったまま他の職に任用すること。要するに複数の職を持つというわけ。これも結構多いんだよね。国家公務員の場合は、法律上、一般的に兼職が禁じられているんだけど、実際には結構多くてどっちが原則か分からない位。これに対して地方公務員の場合は、一部には兼職禁止の規定もあるけど、一般的には禁じられていない。というわけで、同じ地方公共団体内に限らず、他の地方公共団体の職を兼職したり、国の官職を兼ねたり、ということが行われているんだよね。国の場合は併任と言ったり兼務と言ったりしている例があって、地方公共団体でもそう言う場合がある。

　兼職させる場合は、身分取扱について調整する必要があって、たとえば同時に2つの職務に専念するなんてことはできないから職務専念義務をどちらについて免除するか、給与の二重取りはおかしいから給与をどちらで出すか、などといったことを決める必要があるよね。

　充て職というのもあって、これは、ある職に就くと自動的に別の職を

持つことになってしまう、それが法令の規定などで定められている、というもの。当然に他の職にも就くことになるから、その職については任命行為は必要ないとされています。

　それから事務従事というのは、ある職員に、その人が就いている職以外の他の職の職務をしなさい、という命令をすること。その職務をしなさい、という場合と、その職務もしなさい、という場合と、両方あるんだよね。よくあるのは、上位の職にある職員にその下位にある職の職務を行わせる場合の事務取扱、その反対の事務心得などかな。

　出向というのもよく使われていて、これは任命権者が異なる機関に行って、そこの職に就くこと。国家公務員の場合はこれを転任ということはさっき見たとおり。普通は、どこそこの機関に出向を命ずる、という命令があり、どこそこの機関に行くと、これこれの職に就ける、という任命発令がされる、という形をとるんだよね。

　出向の場合は出向先でも同じ公務員であることが原則で、だから、任命権者が異なる、という表現になるんだけど、公務員でなくなったり、公務に従事しなくなる場合というのもあって、これは、派遣と言います。つまり、公社や一般地方独立行政法人、第三セクター、民間会社などに行く場合。これにはいろいろなやり方があって、地方公共団体を退職して、別の職務に従事する、という形もあるし、条例の定めるところによって休職して行く形もある。公務員の職は保有しながら、公務に従事しない、つまり職務専念義務を免除されて別の職務を遂行する、という形もある。どういう形にせよ、普通は職員が再び職員として戻ることを前提としているから、身分、給与、共済といったいろいろな身分取扱の手当てが必要になるよね。そこで、国際機関や外国の地方公共団体の機関に派遣する場合については、「外国の地方公共団体の機関等に派遣される一般職の地方公務員の処遇等に関する法律」で、公益法人などに派遣する場合については、「公益的法人等への一般職の地方公務員の派遣等に関する法律」でそれぞれ手当てがされています。

**(1) 任用の種類**（17条1項）

採用＝現に職員でない者を新たに職員の職に任命する
　　　公務員関係の成立→特別権力関係
　　　双方的行政行為説・相手方の同意を要する行政行為説
　　　特別…条件付採用、任期付職員の採用
昇任＝職員を現に任命されている職より上位の職制上の段階に属する職員の職に任命する
降任＝職員を現に任命されている職より下位の職制上の段階に属する職員の職に任命する
　　　不利益処分
転任＝職員を昇任、降任以外の方法で他の職に任命する
　　　場合により不利益処分となることがある（総合的判断）
・国家公務員の場合
　　　転任＝任命権者を異にする他の官職に就ける
　　　配置換え＝任命権者を同じくする他の官職に就ける

**(2) 運用上の任用方法**

兼職＝職員をその職を保持したまま他の職に任用する
　　　身分取扱について調整（国家公務員では兼務、併任など）
充て職＝職員の占める職が法令などにより当然他の職をも占める
事務従事＝職員に他の職の職務を行うことを命ずる
　　　事務取扱（上位の職の職員が下位の職の職務を行う）
　　　事務心得（下位の職の職員が上位の職の職務を行う）
出向＝職員を任命権者の異なる機関の職に任用する
　　　（国家公務員では転任）
派遣＝職員を他の公共的団体等に派遣する（特例法あり）

**問1** 職員の任用に関する次の記述のうち、誤りはどれか。

1 職員でない者を新たに職員とすることを採用といい、これによって地方公共団体とその者の間に公務員関係が成立する。
2 採用も任用の一種類であるから、ある者をある特定の職に就けることを内容とする。
3 降任は原則として不利益処分に当たるが、転任は同じ地位の職に任命することだから、不利益処分には当たらない。
4 国家公務員と異なり、職員については兼職が認められているので他の地方公共団体の職をも兼ねることができる。
5 職員を公社などに派遣する場合には、退職や休職、職務専念義務の免除、職務命令などの方法が用いられる。

**問2** 職員の任用に関する次の記述のうち、正しいものはどれか。

1 人事委員会は、任用に関する一般的基準を定めることができるので、特定の職に特定の職員を就ける任命権者の具体的な任用行為についても指示をすることができる。
2 法律に基づいて人事委員会が定める任用に関する一般的基準には、兼職、充て職などの運用上の方法についても基準を定めることができる。
3 職員に採用する行為は、民間会社が社員に採用する行為と同じ性格を持つものであり、私法上の雇用契約に該当する。
4 採用内定の通知は、その者を特定の職に就けることによって職員としての地位を取得させることを目的とした意思表示であり、内定通知を受けた者は指定期日の到来によって当然に職員としての地位を取得する。
5 任用行為の形式については、法律に規定がないので、任命権者

> の意思が相手方に到達すれば足り、法律上は必ずしも辞令書を交付しなければならないわけではない。

《**指針**》　このポイントは、法律上の任用の方法とその内容が中心で、これに運用上の方法を理解しておけば、あとは応用でなんとかなるね。

　問1は、比較的やさしいと思うね。1と2は採用の概念と法的効果で記述どおりでしょ。3は教室でも話したように、転任でも不利益処分に該当する場合がありうるから、これが誤り。4と5も、教室で話したとおりだよね。

　問2の1と2は、人事委員会（競争試験・選考を行う公平委員会も含むことに注意）の任用に関する権限の問題で、17条2項は「任命の方法のうちのいずれによるべきかについての一般的基準を定めることができる」と規定している。だから、個々具体的な任用行為について指示したりする権限はない。個々具体的な任用をするのは任命権者であって、人事委員会は関与できない。その基準を示すだけなんだよね。で、その基準というのは、4つの任用の方法のどれか、ということなんだから、運用上の方法はこれに入らない。もちろん、これとは別に、運用上の方法についての指針を勧告することはできる。

　3の採用行為は教室での話を思い出してくれればいいよね。

　次の内定通知と任用行為の形式については、説明していなかったけど、採用という行為を考えれば、単なる内定通知が法的効果を持つとは言えないことは分かると思う。もちろん、内定そのものも法的な保護の対象になるということはあるけれど、あくまでも採用の準備行為に止まる。任用行為の形式については、これについての規定がないことは法律を見れば分かるから、法律上は辞令（書）の交付という要式行為を要求しているわけじゃない、ということは分かるでしょ。

《参照条文》17条1・2項

《正解》問1＝3、問2＝5

| 第2章 | 任用と離職 |
|---|---|
| 第6回 | ●任用の方法<br>採用の方法／採用試験等の試験機関／採用試験／採用候補者名簿／選考による採用／昇任／降任と転任 |

　ええと、古川柳には説明抜きで分かる句と江戸の暮らしや仕組みを知らないと分からない句があるんだよね。分かる句というのはたとえば―
「かみなりをまねて腹かけやっとさせ」
もっとも、子どもに腹かけをさせるなんていうのは今は見られないから、やっぱり説明が必要かな。分からない句では――
「上がるたびいっかどしめて来る女房」
町人でも大店の娘などは結婚前には行儀見習いを兼ねて屋敷奉公をしていたことが多かったようで、暇をとって結婚してからもときどきは御機嫌伺いにお屋敷に顔を出す。その際にいろいろなものを下げ渡されるだけでなくて、注文や契約やらをとってきて、ひとかどの働きをする、という句らしいね。娘から商店をきりもりするおかみさんへの変身が見える感じなんだな。

◆採用の方法
　さてと、任用のだいたいのことは済んだんだけど、まだ、実際に任用はどうするのか、という問題があるわけ。任用の方法というか、手続というか、そういうものなんだけど、特に、能力の実証に基づいて、能力と適性を判断しなければならないとされているんだから、どうするのか。簡単に言ってしまうと、これは基本的には競争試験か選考でしなさい、ということなんだね。
　そこで、採用から見ていくと、人事委員会あるいは競争試験等を行う公平委員会を置いている地方公共団体では、競争試験で行うのが原則で、人事委員会規則・公平委員会規則で定める場合には選考でもできる、とされています。どういう場合をこの規則で定めるのかはっきりしないけ

ど、たとえば一定の上級の職とか、競争試験ではうまくない特別の職とかいったものかな。で、どちらの委員会も置いていない自治体では、競争試験か選考か、どちらかによります、というわけ。その内容はどう違うの？というと、競争試験というのは、一般的に、「特定の職に就けるために不特定多数の者のうちから競争によって選抜する方法」と言われています。これに対して、選考というのは、「特定個人が特定の職に就く適格性を有するかどうかを確認する方法」と言われています。能力の実証に基づいて任用しなければならないのは同じだから、広い意味では、どちらにしても試験じゃないの、ということにはなります。

　このほかに、特別な手続というのもあって、それは、正式任用になっていた職員が、職制や定数の改廃、あるいは予算の減少によって、職が廃止されたり、過員となったりして職を離れた後に、再びその職に復帰する場合なんだけど、その場合の資格要件、採用手続、採用の際の身分については人事委員会等が定めることができる、という特例なんだね。

◆**採用試験等の試験機関**

　で、採用のための競争試験、これを採用試験というんだけど、これにしても選考にしても、どこが行うのかというと、人事委員会・競争試験等を行う公平委員会です。これらの行政委員会が置かれていなければ、任命権者が行います。（あ、このことは地公法の規定上分かりにくいかもしれないけど、17条の2第3項で「人事委員会等」が定義づけられていて、これが18条にも効いているんだね。条文を読むときは、こういう点にも注意が必要だね。）ただし、他の地方公共団体の機関と協定を結んで、共同して行う、あるいはその機関に委託して行う、ということもできます。委託は、国の機関に対してもできるんだね。

◆**採用試験**

　その採用試験はどういうねらいでするかっていうと、試験の目的は、採用試験の対象となる職の属する職制上の段階の標準的な職についての標準職務遂行能力と、その職についての適性を有するかどうかを正確に

判定することにある、とされています。標準職務遂行能力というのは前にもちょっと見たけど、それぞれの職務段階のスタンダードな職務を担う上での能力ということで、任命権者が定めるものということだったよね。

その判定のための採用試験は、筆記試験その他の方法で行う。筆記試験は当然含まれるけれど、そのほかの方法は人事委員会等（人事委員会、競争試験等を行う公平委員会、これらが置かれていない場合には任命権者、という意味だね）が定めることになっています。定める内容は、というとそれ以上のことは地公法では触れていません。まあ、口頭試問だとかグループ・ディスカッションとか、面接とかいろいろ考えられるけれど、要するに目的に照らして効果的なもの、としか言いようがないね。

その採用試験は、受験資格を有するすべての国民に対して平等の条件で公開されなければならない、とされています。平等取扱の原則というのがあったことを思い出してもらいたいけど、採用試験におけるこの原則の適用という意味があるね。でも、前に見た欠格条項に該当する人は、受験できません。採用を前提とするんだから、地方公務員になれない人が受験しても意味がないわけ。

その上で、受験資格という限定があることに注意。受験資格に該当しなければ、採用試験は受けられないことになる。その受験資格は、人事委員会等が定めるんだけど、それは「職務の遂行上必要であって最少かつ適当な限度の客観的かつ画一的な要件」ですよ、とされています。

具体的にどういう資格ならいいのかというと、年齢と学歴、必要な場合には一定の免許などの法的な資格が要求されているのが普通。年齢は、あまり幅の狭い範囲のものでは困るけれど、人事管理を効率的かつ円滑にするために合理的なものならいい、ということになるだろうね。学歴も、職に対応して、大卒程度とか高卒程度というのはいいでしょう、ということにはなっている。でも能力主義からすれば学歴制限は必要ないでしょ、という論も当然考えられるし、民間ではそうしているところも

あるよね。あと、職によっては運転免許とか教員免許状が必要ということは考えられるよね。

　ほかに問題になるのは、性別、住所、国籍といったところかな。性別を要件にしている例は今はないと思うけど、どうしても女性では無理とか、男性はだめ、というのはあるかもしれない。住所要件は、あまり合理性がないだろうね。国籍問題は前にもちょっと触れたけど、公権力の行使や自治体の意思形成に参画する公務員となるためには日本国籍を要すると、解釈されています。地公法も、採用試験の公開平等は全ての国民に対してですよ、としているよね。

　また、こういう試験だから、試験を担当するような職員は、受験を阻害する目的や、受験に不当な影響を与える目的で、特別の情報や秘密の情報を提供してはいけない、という当然の規定もあります。

◆**採用候補者名簿**

　採用試験の結果からどうやって採用するかというと、人事委員会・競争試験等を行う公平委員会を置く地方公共団体では、試験ごとに、採用候補者名簿というのをつくります。これは、合格点以上の点数を取った人の氏名と得点を記載したもの。でも、この名簿に記載されたということは、合格したというだけで、残念ながら採用を決定されたことにはならないんだな。実際の採用は、任命権者が、この名簿に記載された者の中から選んで行う、ということです。では、採用候補者名簿に記載された人数が、採用しようとしている人数よりも少なかったらどうするかというと、そのときは、人事委員会は、他の最も適当な採用候補者名簿に記載された者も加えて提示していいですよ、とされているんだね。

◆**選考による採用**

　「選考」についてはちょっと触れたけど、地公法では「競争試験以外の能力の実証に基づく試験」をいう、と定義づけられています。したがって、採用における選考の目的は、競争試験とほぼ同じに、その職の属する職制段階の標準的な職についての標準職務遂行能力と、その職につ

いての適性を有するかどうかを正確に判定すること、とされています。選考による採用も、人事委員会等が行う選考に合格した者の中から、選んで行うことになります。

でも、採用をしようとする職について採用候補者名簿がないけど、どうしても採用が必要だということだってあるわけで、そういうときはどうするかというと、その職の採用試験や選考に相当する国や他の地方公共団体の採用試験や選考に合格した人を、その地方公共団体の職の選考に合格した者とみなすことができる、という方法があります。これをすることができるのは、人事委員会等だけど、ま、非常手段とでもいうのかな。

このほかに、選考による、とされているものもあるんだね。たとえば、公立の学校の校長や教員については、教育公務員特例法で、採用は選考による、とされています。任期付職員の採用も選考によるとされているし、定年退職者等の再任用における採用も、それまでの勤務実績等に基づく選考によるとされています。

◆**昇任**

次に、昇任はどうするかというと、採用と同じように、受験成績、人事評価その他の能力の実証に基づいて、任命権者が決める、ということだけど、対象者は現に職員である人だよね。だから人事評価も大きな判断要素になってくるよね。で、これらを踏まえて、標準職務遂行能力と適性を有すると認められる者の中から行う、というわけ。

そのうち、人事委員会規則で定める職に昇任させる場合には、昇任試験か、あるいは選考が必要とされています。係長職や課長職といったところが一般的だろうけど、この人事委員会規則を定めるときは、あらかじめ任命権者の意見を聴くこととされているんだね。その昇任試験を受験できるのは、人事委員会等の指定する職に正式に任用された職員に限ります。たとえば、課長昇任試験を受けられるのは正式に係長職に任用されている人だよ、というような指定をするということ。

このほか昇任試験と選考については、ほぼ採用の場合の採用試験と選考と同じようにすることになっています。昇任試験は対象職員すべてに平等・公開されなければならないとか、採用候補者名簿の代わりに昇任候補者名簿をつくるとか、当然異なる点もあるけど、原則的には同様。選考も同じようにすることになっています。それから、教育公務員についての昇任は、採用と同様に選考によることとされています。

◆**降任と転任**

降任の場合は、下位の職制上の段階の職に任命することになるし、転任の場合は、昇任にも降任にも該当しない、要するに同じ職制上の段階の他の職に任命することになるわけだけど、手続というか、考え方は採用や昇任と同じで、人事評価その他の能力の実証に基づくこと、標準職務遂行能力と適性を有すると認められる者の中から行うこと、とされています。前にも触れたけれど、降任は原則として不利益処分に該当する点に注意ね。

(1) **採用**(17条の2)

人事委員会・競争試験等を行う公平委員会を置く場合　原則として競争試験、規則で定める場合は選考による

それ以外　競争試験又は選考による

試験機関（選考も）　人事委員会・競争試験等を行う公平委員会・任命権者

(2) **採用試験**（18条の2～20条）

公開・平等、受験の阻害及び情報提供の禁止

受験の資格要件　必要・最少・適当な限度、客観的かつ画一的要件

目的　標準職務遂行能力と適性の正確な判定

方法　筆記試験その他の方法

人事委員会・競争試験等を行う公平委員会が作成する採用候補者名簿から任命権者が採用（21条）

(3) **選考**（21条の2）

競争試験以外の能力の実証に基づく試験

競争試験と同様の目的

(4) **昇任**（21条の3・21条の4）

一定の職については昇任試験による（受験は指定の職の正式任用職員に限る）

試験・選考、目的など採用に準ずる

(5) **降任と転任**（21条の5）

同様に、能力の実証に基づき、標準職務遂行能力と適性の判定

**問1** 次の記述のうち、正しいものはどれか。

1 その地方公共団体で懲戒免職処分を受けて2年を経過していない場合でも、採用試験を受けることはできる。
2 転任の場合でも、実質的に昇任と同じような効果があるときは昇任試験又は選考が必要である。
3 人事委員会を置く地方公共団体では、採用と昇任は競争試験によることが原則であり、選考は例外的な場合に認められる。
4 採用試験はすべての国民に平等の条件で公開されなければならないから、受験資格を定めることは認められない。
5 採用候補者名簿には、得点順に合格者の氏名と得点を記載するが、任命権者は必ずこの順番に従って採用しなければならない。

**問2** 次の記述のうち、誤っているものはどれか。

1 公平委員会は、自ら競争試験又は選考を行うことができない。ただし、国又は他の地方公共団体の機関との協定によりこれらの機関に委託して行うことはできる。
2 ある職について、採用候補者名簿がなく、かつ、人事行政の運営上必要であると認めるときは、相当する国又は他の地方公共団体の採用試験又は選考に合格した者をその職の選考に合格したものとみなすことができる。
3 職員は、受験を阻害したり、受験に不当な影響を与える目的をもって特別な情報や秘密の情報を提供したりしてはならない。
4 昇任試験を受けることができる者の範囲は、人事委員会の指定する職に正式に任用されている職員に限定される。
5 採用試験の目的は、受験者が、その職に係る標準職務遂行能力と適性を有するかどうかを正確に判定することにある。

《指針》　ここのポイントは、採用と昇任について、競争試験と選考の内容、これに対応する人事委員会・任命権者の権限、採用候補者名簿の3点かな。それぞれ細かい規定が法律にあるから注意だね。

　問1は比較的楽だけど、基本的な内容をチェックしてほしい。採用試験は欠格条項に該当すれば受験できないのは当然だし、競争試験又は選考は採用と昇任に行われるのであって、どんな内容にせよ転任は対象にならないことも当然だよね。人事委員会が置かれていれば、これが競争試験を担当するし、選考は、人事委員会規則で定める場合に限ってすることができるんだよね。採用試験が平等・公開を原則としていても、合理的な範囲内で受験資格を定めることは認められています。採用候補者名簿というのは、合格者とその得点を記載するけれど、あくまでも候補者であって、その中から適切な人を選んで採用を決定するのは任命権者なんだよね。

　問2は教室でも説明できなかったことが含まれているけど、だいたいは法律の条文どおり。1は、公平委員会でも条例で定めれば競争試験と選考を行うことができるし、その場合には他の機関に委託することは可能だね。それ以外の公平委員会はどちらもできない。2は人事委員会と競争試験等を行う公平委員会と（これらがない場合の）任命権者に認められている権限で、21条の2第3項のとおり。3は常識的にも当たり前のことだけど、職員を対象にしていることと、これに対する罰則が61条3号にあることに注意。4も昇任の内容を考えれば、記述は当然のことだよね。21条の4第3項の規定どおり。5は、採用試験の目的で、標準職務遂行能力と適性というすべての任用に共通するキーワードだね。これも20条1項の規定どおり。

《参照条文》16条3号、17条の2、18条〜19条、20条〜21条の5
《正解》問1＝3、問2＝1

| 第2章 | 任用と離職 |
|---|---|

## 第7回 ●条件付採用・臨時的任用
特別な任用／条件付採用／臨時的任用／特別任用の取扱い／任期付職員の採用

　ええと、前回話したように、江戸の社会のことが分からないと理解できない古川柳というのは多くて、もっとも、少し分かってもいろいろと解釈が対立することはよくあるんだけどね。
「ふるさとへ回る六部は気の弱り」
　ちょっと説明すると、六部というのは六十六部の略で、普通は白装束着て諸国乞食巡礼したんだよね。江戸時代は、勝手にふるさとを飛び出て行脚(あんぎゃ)するなんてのは堅気(かたぎ)の人には許されなかったんだね。芸人や山伏といった特別な人はできたんだけど、そのために特別な衣装を着ることになっていた。だから、間男して見つかったとか問題を起こしてふるさとにいられなくなった人は、ほとぼりのさめるまで例えば六部に身をやつして諸国巡礼をした。ま、にわか六部っていうことになるな。ところが六部仲間で諸国を歩いているうちに何かの加減でふるさとに回る道に入っちゃった、どうもまずいなあ、あの女どうしてるかな、おふくろは……なんて思っちゃって足が進まない、ていう心境なんだろうね。

### ◆特別な任用

　で、たとえが悪いけど、任用にもそういうにわか六部みたいなのがあるかっていうと、あるんだよね。条件付採用と臨時的任用。いずれも正式の採用、任用とは扱いが異なる。このほかに、特別な任用には、ちょっと性質が違うけど、任期付任用や定年制に伴う再任用を含ませてもいいかも知れないね。短時間勤務制度なんかも増えてきているから、任用もさらに多様化してくるだろうね。じゃ、その特別な任用っていうのはどういうことで、どういうふうに法律的な扱いの差があるのか、っていうのが今回のテーマになるわけ。

◆**条件付採用**

　任用には、正式任用と臨時的任用とがあるという話はしたけど、そのうち正式に採用するという場合は、必ず条件付採用にしなければならない、ということになっている。ただこれには例外があって、第1に臨時の職員の採用、第2に非常勤職員の採用、第3に定年退職者等の再任用、ただし、この中から任期付短時間勤務の職員は除かれるから、任期付短時間勤務の場合は原則に戻り、条件付になる。第4に、一度退職した形になって公益的法人等に出向していた職員がそこから戻ってきたときにあらためて採用することになるんだけど，その場合の採用。これらは別ですよ、これら以外はすべて条件付採用ですよ、ということになっているんだよね。

　その条件付採用というのはどういうことかというと、採用は能力の実証に基づいて行う、ということだったんだけど、採用時だけでは不十分で、実際に仕事に従事させてその成績に基づいてさらに能力を実証する、一定期間そういう検証をして、それで良かったら正式採用にしよう、という制度。民間で言えば、労働基準法にいう試用期間がこれにあたる。だから、正式採用とは異なる臨時的任用の職員や、原則として特別職で成績主義の適用がない非常勤の職員には、適用されないわけ。

　じゃ、どの位の期間、実務の成績を見るかというと、原則として採用時から6か月間とされている。公立の小中高の教諭などについては、特別に1年間とされています。この期間は短縮できないんだよね。でも、何かの都合で長期間休んでしまったとかで能力の実証が得られない場合には、延長することが認められています。ただし、これも1年間まで。だから、条件付採用の期間は、6か月から1年間までということになる。普通は、能力実証期間として最低3か月は必要だと考えられていて、6か月の間に正味3か月なかったら3か月になるまで延長します、というような取扱いになっているはずです。この期間延長をするのは人事委員会と競争試験等を行う公平委員会で、どちらの委員会もない場合には任

命権者ということになっている。

　この期間中に、どうも成績が悪いんじゃない、と評価されると、正式採用お断りになってしまう。反対に、何も言われずにこの期間が過ぎれば、過ぎた時点で手続きなしで正式採用されたことになる。たとえば4月1日に条件付採用になったとすると、9月30日まで良好な成績で勤めれば、10月1日には正式採用となるわけで、まあこれが普通なのよね。

◆**臨時的任用**

　正式任用は、職に欠員があるときにその職に人を就けることだ、という話をしたけど、この任用によって就く「職」というものは、いわば恒久的なものだとされています。つまりアルバイトみたいに一時的な採用をしたりするということではなくて、定年までずっと地方公務員でいることを前提にしている、ということ。しかも、1日の大部分を地方公務員として働き、その労働の対価である給与を受けて生活する、というタテマエのもとにあるわけ。中には資産で生活は十分できるから給与は小遣い、という人もいるだろうけど、それは個人の事情の問題。もっとも、任期付の場合は、定年まで在職するというわけではなく、当然にその任期の間だけ在職することを前提とするから、ちょっと違うけどね。

　で、こういった正式任用に対して、一時的に任用することを臨時的任用というわけ。だから、職に欠員がなくても臨時的任用はできるんだけど、やたらにこれを認めたら、任用や人事管理もめちゃくちゃになっちゃうから特別の場合にだけできるようにしよう、ということになる。

　どういう場合かというと、第1に、緊急の場合。欠員があるけど、災害の発生など重大な事故のために正式任用をするまで待てないというような場合。第2が、臨時の職に関する場合。どんな職が臨時のものかは、場合によってさまざまだけど、近いうちに廃止することが予定されているということが必要。それもだいたい1年以内ということで解釈されています。第3が、採用候補者名簿・昇任候補者名簿がない場合。これは、予定されている職について候補者名簿そのものがない場合だけでなく、

名簿そのものはあるけど採用や昇任の予定人数より候補者数が少なくて用が足りないという場合も含まれると考えられています。もちろん、人事委員会も競争試験等を行う公平委員会も置かない自治体では、もともと候補者名簿がないのだから、これは関係ないということになるね。

　で、これは例外的な任用なんだから、やたらめったらやっちゃ困る、ということで、人事委員会規則（競争試験等を行う公平委員会の場合は公平委員会規則）で定めるところによりしなければならない、しかも人事委員会の承認を得なければなりませんよ、ということになっている。人事委員会がチェックする、という仕組みなんだな。この承認というのは、個々人についてするというよりも、こういう職についてはいいですよ、というようにいわば包括的にやる承認だと解釈されています。その場合の資格要件も人事委員会が定めることができることになっている。こういったチェックに違反するような任用をしたことが発覚したら、人事委員会はその任用を取り消すことができる、ということになっています。こういった扱いは競争試験等を行う公平委員会も同様に行えます。

　そこで、こういった委員会のないところはどうするの、という疑問がでるでしょ。この場合は、緊急の場合と臨時の職に関する場合だけだけど、要件や期間が法律に適合する限り、任命権者がしてよろしい、となっています。ま、しょうがないよね。

　その期間なんだけど、一時的な任用だというけどどの位ならいいか、というのが次の問題になるでしょ。10年も20年もということなら結局正式な任用と変わらなくなっちゃうものね。そこで法律は、原則として6か月だ、と言っています。でもそれだけでは困ることもあるだろうから、1回に限り6か月の更新は認められる。その更新にも、人事委員会・競争試験等を行う公平委員会の承認が必要です。それ以上はだめ、だね。

　期間が経過したらどうなるか、ということを条件付採用と対比してみると、条件付採用の場合は、期間を経過すると当然に正式採用になるのに対し、臨時的任用の場合は、期間を経過すると、当然に離職する、と

いう対照的な取扱いになる。臨時的任用は、もともと、成績主義の適用がないものだから、正式任用への優先権がない、という特色をもっている。どんなに優秀であっても、優先的に正式採用する、というわけにはいかないのであります。

　もう一つ特別な場合の臨時的任用があるんだよね。それは、育児休業する人がいるので特に必要だという場合。これは、育児休業する職員の業務を誰かがしなけりゃならないけどやりくりしてもどうも困難だというときに認められます。この場合は、期間は1年以内でその育児休業の期間とする、人事委員会・公平委員会の承認といった手続きは不要、といった特別な取扱いがされています。これはその性質に応じた特例だと説明されます。この臨時的任用は、配偶者同行休業の場合についても同じように認められているんだね。

◆**特別任用の取扱い**

　この2つの特別な任用は、正式任用とどのように違うのだろうか、ということを見ておきます。これは、正式任用の場合の身分取扱いをやった後でないと分かりにくいものだから、こちらとしてもやりにくいんだけど、また身分などを説明する際に思い出してもらいたいと思います。

　で、基本的にどこが違うかというと、一言で言うと、身分保障がない、ということなんだな。身分保障があるということを裏返していうと、身分上不利益な取扱いを受けるのは、明確かつ客観的な事由と根拠による場合に限られるということになる。それ以外は不利益な処分を受けない、ということだからね。これを「分限」と言っているんだけど、この分限が適用にならないということなのです。つまり正式任用については、降任とか免職、休職、降給といった不利益処分は、法律や条例に定める事由でなければ受けないということになっている。ところが、条件付採用期間中の職員にしても臨時的任用の職員にしても、この身分保障はないから、そのような事由でなくても、こういった処分を受ける場合があるということ。

それちょっとひどいんじゃない、という感想が湧くと思うけど、そういうものとして例外の任用が作られているんだからしょうがない。だって、もともと条件付採用は成績の実証を実務で見る制度なんだから、能力がないと判断されたらやめてもらうしかない。公務を遂行する能力がないと判断されているのに身分保障されていたら困るでしょ。それが、住民の税金によって運営されている自治体の責任だと考えられているんだよね。救済事業として公務員の採用をしているわけじゃないんだから。臨時的任用だって同じで、臨時に任用するというのに身分保障されたら臨時の意味がなくなってしまうでしょ。もっとも、不利益処分をするにしても、気に喰わないといったことですることはできない。公正な処分でなければならないし、処分をする任命権者の裁量も合理的なものでなければならない、ということは当然なのであります。
　ということで、身分保障の規定が適用されない、したがってこれを前提とする制度、つまり、不利益処分を受けた場合の審査請求の制度も適用がない、ということになります。このほかは、だいたい正式任用の場合と同様に取り扱われていて、たとえば、懲戒、服務、勤務条件などは同じで、だから、勤務条件についての措置要求（これは不利益処分についての審査請求と違うから気をつけてね）などもできるということになっている。職員団体に加入することも当然認められます。
　実際には、臨時的任用は常態化している場合があって、1回更新して、1年で辞め、またたとえば1日おいて改めて臨時的任用する、これを繰り返して何年も勤める、という脱法的なものもあったりするようだね。

### ◆任期付職員の採用

　普通の採用は、任期を定めないで一応定年を頭においてするんだけど、任期付職員の採用という制度があるんだね。地方公務員では、非常勤職員を除いて、一般職の職員、大学教員と一部の研究員に導入されている。任期の範囲は、大学教員については学長が定める規則によるけど、それ以外では原則5年以内、特別に7年とか10年となっている。それぞれ勤

務条件などについて必要な特例を定めています。それから、後で見るけど、定年退職者などにも任期付の再任用があるし、短時間勤務職員についても任期付がある。ちょっと前に見た育児休業や配偶者同行休業に伴う採用についても認められている。もちろん、採用できる事由は限定されているけど、任期を定めて選考によって常勤として採用する、という点は共通しているんだね。任期付の場合は、任期を経過すると当然に職を失うことになります。

(1) **特別な任用**
　　正式任用→条件付採用
　　（その他…任期付職員の採用、定年退職者等の再任用等）
　　臨時的任用

(2) **条件付採用**（22条1項）
　　採用後一定期間の実務においてさらに能力を実証する
　　期間　採用時から6か月・1年間まで延長可
　　期間経過　その職務を良好な成績で遂行したとき正式採用
　　不適用　臨時職員・非常勤職員・定年後の再任用職員等

(3) **臨時的任用**（22条2～7項）
　　認められる要件
　　・緊急の場合
　　・臨時の職に関する場合
　　・採用候補者名簿・昇任候補者名簿がない場合
　　手続　人事委員会・競争試験等を行う公平委員会の定めるところによる／その承認（資格要件の定め・包括的）
　　期間　原則6か月以内・6か月以内の更新可
　　特例　育児休業で特に必要な場合（育児休業法6条）
　　　　　配偶者同行休業で特に必要な場合（26条の6）
　　期間経過　正式任用優先権なし（離職）

(4) **条件付・臨時的の場合の身分取扱**（29条の2）
　　不適用　分限に関する規定（条例で定める）
　　　　　　不利益処分に関する説明書の交付
　　　　　　行政不服審査法（不利益処分に関する審査請求）
　　適用　服務、懲戒、勤務条件に関する措置要求等

**問1** 次の記述のうち、誤りはどれか。

1 臨時的任用の職員も非常勤職員も、採用については条件付採用の適用はない。
2 条件付採用の期間を6か月未満とすることはできないが、臨時的任用は6か月以内とすることができる。
3 条件付採用も臨時的任用も、その期間は1年間まで延長することができる。
4 条件付採用の期間中の職員も臨時的任用の職員も、分限に関する規定が適用されないので、不利益処分に対する不服申立ても勤務条件の措置要求も認められない。
5 条件付採用の場合はその期間が経過すると正式採用になるが、臨時的任用の場合は正式任用への優先権はない。

**問2** 次の記述のうち、正しいものはどれか。

1 条件付採用は、その職員がその職務をその期間良好な成績で遂行したと認め、これによって正式任用の辞令を交付することによって、正式採用となる。
2 人事委員会も競争試験等を行う公平委員会も、条件付採用について、その採用される者の資格要件に条件を定めることができ、かつ、その条件に違反する採用を取り消すことができる。
3 人事委員会又は競争試験等を行う公平委員会を置く地方公共団体で臨時的任用をすることができるのは、緊急の場合、臨時の職に関する場合及びこれらの委員会の承認を得た場合に限られる。
4 人事委員会も競争試験等を行う公平委員会も置かない地方公共団体では、任命権者がその判断で臨時的任用をすることができる。ただし、その期間の更新は公平委員会の承認を要する。

5 条件付採用期間中の職員及び臨時的に任用された職員については、懲戒に関する法律の規定が適用される。育児休業に伴って臨時的に任用された職員についても同様である。

《指針》 条件付採用と臨時的任用というのは、同じようでいて違うところもあるので要注意だね。しっかり対比して理解しておいてほしい。問1は基本的な対比の問題。まず、条件付採用の対象とならないものは、臨時的任用と非常勤職員の任用だね。これに対して臨時的任用の場合はいろいろと要件が決められているから、これを確認すること。次に期間だけど、条件付採用は6月で、1年まで延長が可能なのに対して、臨時的任用は6月以下で、さらに6月以下の更新ができる。結果的には最長1年だけど、その内容が違うことに注意だね。法の適用関係では、両方に適用されないのが、分限に関する規定、不利益処分説明書の規定、行政不服審査法の規定の3つだよね。勤務条件の措置要求や懲戒に関する規定は適用される。正式任用については、条件付採用は良好な勤務成績であれば正式採用になるけど、臨時的任用はなんらの優先権もない。

問2。条件付採用から正式採用になる場合、期間を経過すればそのまま正式採用になってしまう。人事委員会と競争試験等を行う公平委員会が資格要件を定めることができるのは、臨時的任用についてだね。臨時的任用ができる場合というのは、人事委員会と競争試験等を行う公平委員会の有無で区別しておいてほしい。競争試験等を行わない一般の公平委員会はもともと任用に関する権限を持っていない。懲戒の規定は、どちらの場合にも適用される。これは職員として勤務しているんだから同じでないと困るんだよね。育児休業に伴う臨時的任用については、期間と期間更新の承認、人事委員会などによる資格要件の定めと違反任用の取消が違うことに注意。

《参照条文》22条・29条の2、育児休業法
《正解》問1＝4、問2＝5

| 第2章 | 任用と離職 |

| 第8回 | ●人事評価と研修 |

人事評価制度／結果に応じた措置／標準職務遂行能力と任用／研修／研修の便宜／特例

　ええと、江戸の世に「子供」というと、もちろん大人に対する子供という意味もあったんだけど、いわゆる丁稚を指すのが普通だったんだよね。どちらかというと、大坂の方ではでっち、江戸では小僧とか子供が使われたっていわれている。
「橋のこもでつちに見せてあれだぞよ」
「こも」は、おこもさん、まあつまりは乞食だね、だいたい橋の下をねぐらにしていたんだけど、人生の落伍者だという認識はかなり強かったんだろうね。人生観として哲学的なホームレスが容認されるような時代じゃないし、第一、今のように余り物が豊富にあるわけじゃないから、ほんとに食うにこまるわけ。手代か番頭か分からないけれど、まだ奉公に入りたての丁稚に、お前しっかり働かないとああなっちまうよ、と説教しているんだな。
　あの頃の奉公というのは主従関係というか忠義の観念が強くて、なかなか厳しいものだったらしい。丁稚から手代、手代から番頭（支配人）へと出世して、うまくいけば別家を認められて独立するわけだけど、ずっと主家には忠義を尽くさなければならない。だから、一度主家をしくじってひまを出されると、ほかの店でも奉公人にはしてくれない。事実上、奉公の道を閉ざされてしまうというわけ。だから、こもに成り下がる可能性は十分あったんだね。
　しくじらないためには、こもにはなるまいと、一生懸命頑張らなければならない、同時に主人や先輩のメガネに適わなければならない。というわけで、いつの世にも成績や評価というのはついて回るんだな。
　で、今回は人事評価の問題に入ります。

必要なのは職員の努力だよね。つまり、職員が自分から資質や能力の開発や向上を図ろうとしなければだめなんだよね。馬を水のほとりに連れて行くことはできても、無理やり飲ませることはできない、っていうこと。自発的努力ということなんだけど、昨今の経営学的なタームで言えば、自己啓発ということになるかな。なんてったってこれが第一、というわけ。

　でも、個個人に任せておけばいいというわけにもいかない。自治体もいろいろと職員の能力向上について積極的に取り組まなければならない。これが研修だということになるんだよね。地公法は、任命権者に研修を行うように義務づけていて、その研修に参加する機会を職員に与えなければならない、としています。その研修に関する基本的な方針、つまり研修の目標とか、計画の指針となるべき事項などは、地方公共団体が定めることになっています。つまり、研修は、自己啓発を補完するもの、という位置づけだと言っていいだろうね。

　と言っても、任命権者に具体的な研修のノウハウがいつもあるというわけじゃないから、人事委員会が、研修の計画立案や研修の方法などについて任命権者に勧告することができる、ということになっている。ま、それに従ってやるということになるんだけど、実際の方法としてはいろいろあるだろうね。任命権者が自前で主催するのもあるだろうし、外部の機関に委託することもあるだろうし、大学などの教育機関に派遣することもあるだろう。どうしなければならないということはない。民間企業との交流という形でもあり得るよね。で、研修は、大きく分けて、職場研修、いわゆるＯＪＴというやつだけど、それと職場外研修とに分けられるというのが通説だから、別に外部に出さなければ研修じゃないというわけではないよね。

◆**研修の便宜**

　つまり、任命権者には、できる限り職務の便宜を図って研修に参加させるようにする義務がある、っていうことなんだけど、その参加のさせ

方はいくつかあるんだよね。1つは、職務命令を出す方法。一般的に言われる研修命令で、これは職務の一環として研修に参加せよ、というわけで、その時には研修を受けることが職務だということになる。だから、その間の本務の方の職務専念義務を免除する、ということは必要ない。2つは、研修期間中の職務専念義務を免除する、という方法。その間職務から解放するから、研修を受けて来いよ、というわけ。3つは、研修期間中、休職にするという方法。もっともこの方法を採るには、条例で休職事由として研修を掲げて、必要な規定も整備しておく必要があるだろうね。どれを採るかは、研修内容や研修の評価などによって決めることになるだろうけど、普通は第1の方法が多いんじゃないかな。

このほかに、狭い意味の研修というよりは、広義の人材育成や人事交流といった要素の方が大きいけど、派遣という制度もある。外国の地方公共団体の機関等への派遣がその例だけど、国については、民間企業との交流制度があって、これは「交流派遣」という形をとっている。いわば潜在的な公務員の身分は持ちながら、実質的には民間企業との労働契約による雇用関係に入る、という取扱いにしているんだね。また、公務能力の向上のために、いわゆる国内留学を認める制度もあるんだね。大学などでの修学のために認められる修学部分休業がこれにあたる。

◆特例

最後に特例にちょっとふれておくと、教育公務員については、その職務の性質上、絶えず研究と修養に努めなければならない、とされている。研修についても、授業に支障のない限り、本属長の承認を受けて勤務場所を離れて研修できるとか、現職のままの長期研修が可能だとか、初任者研修や十年経験者研修を行う、といった特別な扱いになっているんだよね。そのほか、研修や評定の担当機関などについて特別な定めが置かれているんだよね。

それから、企業職員と特定地方独立行政法人の職員については、研修と人事評価に関する人事委員会の勧告権の規定は適用されないことにな

っています。また、県費負担教職員の人事評価は、都道府県教育委員会の計画の下に、市町村教育委員会が行うこととされています。

◆**人事評価制度**

　前回まで任用についてみてきたけど、任用は能力の実証に基づいて行われなければならない、これが根本基準なんだ、という話だったよね。そのときは、能力及び実績に基づく人事管理を徹底し、能力と適性に基づく任用を行う、さらには、能力と業績を把握した上での人事評価を行い、これを任用だけでなく、給与、分限その他の人事管理の基礎とする、という人事管理の原則だけ触れておいたんだけど、ここで改めてその「能力の実証」はどうするんだろうかという問題に入ります。

　法律では、これを、「受験成績、人事評価その他の能力の実証」と言っているよね。受験成績は、試験を受けたその成績だろうけれど、人事評価とはどういうことだろうか。能力の実証の中心に人事評価制度が置かれているといってもいいんだろうけれど、まず、人事評価制度は、任用、給与、分限その他の人事管理の基礎とするものであること、職員がその職務を遂行するに当たり発揮した能力及び挙げた業績を把握した上で行われる勤務成績の評価であることが、その基本的な内容となっています。その根本基準は、というと、公正に行われなければならないことと、任命権者はこれを人事管理の基礎として活用することが、定められているんだね。

　で、その実施はどうするのかというと、任命権者が、人事評価の基準と方法を定め、職員の執務についてこれを定期的に行う、となっています。ただし、首長と議長以外の任命権者がその基準と方法を定める場合には、事前に首長に協議しなければならない。一方、人事委員会には、人事評価の実施に関して任命権者に勧告をすることができる権限があります。

　ま、どういうものかは分かったとして、実際にどうするのかな、以前にあった勤務評定とどう違うのかな、という疑問がでるかもしれない。

これについては、まず、勤務評定は、評価項目が明らかではなかった、一方的な評価で結果も知らされなかった、人事管理に活用されなかった、という反省に立って、人事評価は、能力と業績の両面から評価する、評価基準を明らかにし、自己申告・面談・評価結果の開示などの仕組みで客観性を確保して、人材育成にも活用する、と言われています。国もこのような、能力評価と業績評価（目標管理）の制度によって、人事管理に取り組んでいる、というわけね。基本的な内容で触れたように、これは人事管理の基礎ということだから、任用に限定されるわけではなく、給与や分限のところでまた出てきます。

◆**結果に応じた措置**

　任命権者は、人事評価を実施したならば、その結果に応じた措置を講じなければならない、とされているんだけど、その措置の内容について直接規定しているような条文はありません。要するに、人事管理の基礎とするものだから、任用に限らず、給与、分限などなどについて措置を講ずるということになる。だから、任用であれば、適切に昇任・降任・転任などを行って人事管理をしなければならないわけだし、昇給や勤勉手当の査定などの基礎にする、分限処分の資料にする、研修計画の資料にする、人事管理の在り方の検討材料にする、といったこともはいってくるだろうね。給与なら、昇給するかどうか、どの号俸に位置付けるかなど、分限だったらこれに基づいて分限事由を判断する、といったことになる。

　ということは、人事評価は、個々の職員にとってはその勤務条件に対して大きな影響を与えるものなんだけど、これは勤務条件の一つか、という問題がある。つまり、もし、勤務条件に該当するとなると、評価結果について措置要求をすることができるわけ。自分の評価はおかしいではないか、と言えるわけだけど、でも、これは該当しないということになるんだろうね。前の制度だった勤務評定もそう解されていたし、評価過程で自己申告や面談が行われ、結果も開示されるといった仕組みにも

なっている。

### ◆標準職務遂行能力と任用

　で、人事評価その他の能力の実証に基づいて任用をするというのは、どういうものなんだろうか、これをもう一度振り返ってみます。思い出してもらいたいのは、任用が、職務上の段階の職に応じた能力と適性を判断して行うということ。つまり、人事評価は、能力と業績の両面から評価するわけだけど、その評価結果と、任用しようとする職に期待される標準的な遂行能力と適性を、いわば対比させて判断する、それによって任用するということなんだね。そこで判断基準となるのが、標準職務遂行能力というもので、これは、職制上の段階の標準的な職の職務を遂行する上で発揮することが求められる能力。これに照らしてふさわしい能力を有するかどうかを評価する、これに加えてその職の適性を有するかどうかを判断する、それによって職制上の段階のある職の職務を遂行することができるかどうかを判定することになる、ということです。これは、前にも任用の一般的基準のところで説明したことだけど、ちょっと重複だね。

### ◆研修

　でも、このような人事管理に基づいて能率的な仕事の運営が図れるかというと、一方では確かに、適材適所、能力や勤務成績に基づく人事が行われることが必要だけど、他方、職員の勤務能率が向上しなければならない、つまり、職員の資質向上というのも必要となるだろうね。その資質向上という点から考えてみると、まず必要なのは職員の努力だよね。つまり、職員が自分から資質や能力の開発や向上を図ろうとしなければだめなんだよね。馬を水のほとりに連れて行くことはできても、無理やり飲ませることはできない、っていうこと。自発的努力ということなんだけど、昨今の経営学的なタームで言えば、自己啓発ということになるかな。なんてったってこれが第一、というわけ。

　でも、個個人に任せておけばいいというわけにもいかない。自治体も

いろいろと職員の能力向上について積極的に取り組まなければならない。これが研修だということになるんだよね。地公法は、任命権者に研修を行うように義務づけていて、その研修に参加する機会を職員に与えなければならない、としています。その研修に関する基本的な方針、つまり研修の目標とか、計画の指針となるべき事項などは、地方公共団体が定めることになっています。つまり、研修は、自己啓発を補完するもの、という位置づけだと言っていいだろうね。

と言っても、任命権者に具体的な研修のノウハウがいつもあるというわけじゃないから、人事委員会が、研修の計画立案や研修の方法などについて任命権者に勧告することができる、ということになっている。ま、それに従ってやるということになるんだけど、実際の方法としてはいろいろあるだろうね。任命権者が自前で主催するのもあるだろうし、外部の機関に委託することもあるだろうし、大学などの教育機関に派遣することもあるだろう。どうしなければならないということはない。民間企業との交流という形でもあり得るよね。で、研修は、大きく分けて、職場研修、いわゆるＯＪＴというやつだけど、それと職場外研修とに分けられるというのが通説だから、別に外部に出さなければ研修じゃないというわけではないよね。

◆**研修の便宜**

つまり、任命権者には、できる限り職務の便宜を図って研修に参加させるようにする義務がある、っていうことなんだけど、その参加のさせ方はいくつかあるんだよね。1つは、職務命令を出す方法。一般的に言われる研修命令で、これは職務の一環として研修に参加せよ、というわけで、その時には研修を受けることが職務だということになる。だから、その間の本務の方の職務専念義務を免除する、ということは必要ない。2つは、研修期間中の職務専念義務を免除する、という方法。その間職務から解放するから、研修を受けて来いよ、というわけ。3つは、研修期間中、休職にするという方法。もっともこの方法を採るには、条例で

休職事由として研修を掲げて、必要な規定も整備しておく必要があるだろうね。どれを採るかは、研修内容や研修の評価などによって決めることになるだろうけど、普通は第1の方法が多いんじゃないかな。

このほかに、狭い意味の研修というよりは、広義の人材育成や人事交流といった要素の方が大きいけど、派遣という制度もある。外国の地方公共団体の機関等への派遣がその例だけど、国については、民間企業との交流制度があって、これは「交流派遣」という形をとっている。いわば潜在的な公務員の身分は持ちながら、実質的には民間企業との労働契約による雇用関係に入る、という取扱いにしているんだね。また、公務能力の向上のために、いわゆる国内留学を認める制度もあるんだね。大学などでの修学のために認められる修学部分休業がこれにあたる。

◆特例

最後に特例にちょっとふれておくと、教育公務員については、その職務の性質上、絶えず研究と修養に努めなければならない、とされている。研修についても、授業に支障のない限り、本属長の承認を受けて勤務場所を離れて研修できるとか、現職のままの長期研修が可能だとか、初任者研修や十年経験者研修を行う、といった特別な扱いになっているんだよね。そのほか、研修や評定の担当機関などについて特別な定めが置かれています。

それから、企業職員と特定地方独立行政法人の職員については、研修と人事評価に関する人事委員会の勧告権の規定は適用されないことになっています。また、県費負担教職員の人事評価は、都道府県教育委員会の計画の下に、市町村教育委員会が行うこととされています。

**(1) 能力本位の任用制度の確立**
任用は職員の人事評価その他の能力の実証に基づいて行う（15条）

**(2) 人事評価**（6条1項・23条～23条の4）
任用、給与、分限その他の人事管理の基礎とするために、職員がその職務を遂行するに当たり発揮した能力及び挙げた業績を把握した上で行われる勤務成績の評価（6条1項）
根本基準＝公正に行う
実施　任命権者、定期的
基準・方法　任命権者が定める
　　　　　　結果に応じた措置
　　　　　　人事委員会の勧告権

**(3) 標準職務遂行能力**
任用＝人事評価その他の能力の実証→標準職務遂行能力と適性
　　　の有無の判断
標準的な職と標準職務遂行能力　任命権者の定め（15条の2）

**(4) 職員の資質・能力の開発・向上**
自己啓発
研修＝自治体による方策の樹立（39条）
　　　任命権者の研修機会付与の責務
　　　自治体による基本的方針の策定
　　　研修方法についての人事委員会の勧告
研修時の身分取扱　職務命令、職務専念義務の免除、休職処分、
　　　　　　　　　派遣など

**(5) 特例**
教育公務員、企業職員など（教特法、地公企法等）

**問1** 人事評価制度に関する次の記述のうち、誤りはどれか。

1 人事評価は、職員がその職務を遂行するに当たり発揮した能力及び挙げた業績を把握した上で行われる勤務成績の評価である。
2 人事評価は、これを任用、給与、分限その他の人事管理の基礎として活用するものとされる。
3 職員の人事評価は、公正に行われなければならない。
4 任命権者は、職員の執務について定期的に人事評価を行わなければならず、また、人事評価の結果に応じた措置を講じなければならない。
5 人事評価の基準及び方法その他人事評価に関し必要な事項は、人事委員会等が定める。

**問2** 職員の研修に関する次の記述のうち、正しいものはどれか。

1 職員の資質を向上させるには、職員の自発的努力に待つしかなく、この点については、任命権者には何らの義務も責務もない。
2 人事委員会は、職員の職務能率の発揮及び増進のための計画を策定し、その計画の一環として職員の研修を実施しなければならない。
3 職員の研修を他の機関に委託して行う場合には、他の機関へ出向して研修を受けるべき旨の命令と、その間における本務について職務専念義務の免除とを同時に行う必要がある。
4 教員については、授業に支障がない限り、本属長の承認を受けて、勤務場所を離れて研修を行うことができるとする特例がある。
5 分限に関する規定の適用がない条件付採用期間中の職員と臨時的任用の職員については、研修を実施する必要はないものとさ

> れる。

《指針》　人事評価制度の概要と研修の問題。

　問1では、人事評価制度の概要がポイント。人事評価の定義は、6条1項にあるので注意。人事評価の制度概要そのものは23条からの3章3節に規定されているね。それと、任用の根本基準で、人事評価その他の能力の実証に基づいて行うという規定は15条にある。規定が散在しているうえに、任用の内容とどうかかわってくるのか分かりにくいよね。人事評価に基づいて、任用をしなければならないけれど、その際の判断基準が標準職務遂行能力と適性の有無ということだね。ここでは標準職務遂行能力は出てこないけどね。1から4までは規定どおり。5は任命権者に権限がある。人事委員会は勧告のみ。

　問2は研修の一般的問題。といっても教員の特例が入っているけどね。職員の資質向上では、自己啓発が基本ではあるけれど、任命権者に機会提供の義務があるね。人事委員会には、その方法について任命権者に対する勧告権があるけれど、自ら実施する任にはない。他の機関での研修では、研修命令という職務命令だけで十分。4は教育公務員の研修についての特例の1つ。そのほか現職のままの長期研修、初任者研修などもあるね。5、条件付採用と臨時的任用も研修の対象の職員には含まれます。

《参照条文》　6条1項、15条、23条～23条の4、39条、教特法21条～25条

《正解》問1＝5、問2＝4

| 第2章 | 任用と離職 |

## 第9回 ●離職と退職管理

離職の事由／定年／特例定年／勤務延長／再任用／定年制の適用／退職管理／働きかけの禁止／退職管理の適正確保

　ええと、今回は離職の問題。要するに職を離れるということで、地方公務員じゃなくなっちゃうわけね。つまり引退。ひと昔前というか、もっと前には隠居という制度があったんだよね。これは、家督というものを息子なんかに譲って、仕事から手を引いちゃうということなんだな。要するに家の実権をすべて引き渡しちゃう、生前相続みたいなもんだね。引き渡した息子がドラ息子でなければ、左うちわの楽隠居ってえ結構な身分になる、かもしれない。ところがドラ息子だってぇと勘当して家から追い出すということになるようで、それでも親子の情はいつの世も同じらしい。

「どらにあひたいがまつごの願い也」

　今は、離職したら楽隠居、とは必ずしもならないんだろうね。

### ◆離職の事由

　で、任用の話が続いて来たところで、当然にというか、突然にというか、終わりの話になるわけで、職を離れる事由ということをここで検討しておきます。

　離職の事由の1番目は、死亡。ま、死んだら職を占めるわけにはいかないから当然だよね。

　2番目。辞職。つまり、自分から、辞めたいとか、やーめたとかいうわけ。中には、辞表を叩きつけて「辞めてやるぜ」とか、不祥事で責任をとってやめます、なんていうのもあるんだろうね。

　辞職については特に規定があるわけじゃないんだけど、当然のこととして認められています。国家公務員の場合は、書面で辞職申し出があったときは、特に支障がないかぎり承認する、という扱いになっていて、

任命権者の承認が必要だとされている。公務員関係が基本的には任命権者と公務員との意思を基礎としている以上、一方的に辞めるというわけにはいかないだろうね。この取扱いは、地方公務員についても同様だと考えられています。

　で、この承認というのは、実際には辞令の交付という形をとるんだけど、いつその効力が発生するか、という問題があるんだよね。どういうことかっていうと、辞表を出したけど、よく考えたらヤッパリ辞めたくない、辞表を取り戻したい、ということになったとき、いつまでなら取り戻せるか。辞令の効力が発生していれば、これはもう取り返しがきかないよ、ということ。これは、その辞令が当人に到達したときに効力発生しますよ、と考えられている。もちろん、原則の話で、ケースによってはいまさら何を言ってんの、ということもあって、まあ、究極的には信義則の問題にはなるんだけど。

　3番目は失職。読んで字のごとく、職を失うこと。職を離れる離職とどう違うの、同じじゃないの、という疑問はおありでしょうが、これは違うのであります。どう違うかっていうと、前にやったことを思い出してほしいんだけど、欠格事由というのがあったでしょ、公務員になれない場合というやつ。公務員になっていたけど、欠格事由に該当してしまった、となると、当然に職を失うことになる、これが失職。「当然」ということだから、辞令の交付も必要ない。もっとも、明らかにするために辞令を出すのが普通のようだけど、これも単なる通知にすぎない。

　次が分限免職といわれるもの。分限についてはまた後で詳しくやるけど、要するに身分を保障することで、法令に定める事由による場合以外は不利益な処分を受けないというもの。免職は不利益処分の最たるものだから、法律に定める事由でなければならないわけ。法律では、勤務成績が良くないなどの事由が定められているけど、その目的は公務の能率の維持増進にあるとされています。

　その次の懲戒免職も、一方的に免職するものなんだけど、これは服務

義務違反を理由として、職員に科する制裁という点で、分限免職と異なるもの。言ってみれば、分限免職の方は、あんたがいるとどうも能率が下がって住民サービスに支障が生じるから、辞めて下さい、というんだけど、懲戒免職の場合は、あんたはルール違反して秩序を乱したから責任とって辞めなさい、というわけ。だから、退職手当は払われないし、共済年金の支給制限もありうるし、任用制限も一定範囲で生じる、といった不利益が伴うことになります。

　最後に、定年制。これも広い意味の分限なんだけど、年齢で一律という点に特色がある。つまり、この年齢に達すれば職務遂行能力が落ちる、という意味になるわけで、どんな人でも原則として同じですよ、という制度。だから、この年齢に達すれば、本人の意思や能力にかかわらず、自動的に退職するということになるんだよね。

　あと、これに似ているのが、任期付で採用された場合に、その期限が来た、というとき。でもこれは一律ではないし、年齢の問題でもないから、定年制と同じようには考えられないけどね。臨時的任用も、任期付の範囲に含めることもできるけど、これは正式任用ではないから、一応は別だね。

◆定年

　そこでもう少し詳しく定年制を見てみることにするんだけど、制度としては、昔は定年制というのがなくて、勧奨退職だったんだよね。もうそろそろ後輩に道を譲っておくんなさい、というお願いだったわけ。これが、昭和56年というから1981年に法律で規定されて、昭和60年から実施されて、一律に自動的に退職ですよ、ということになった。高齢化社会だとか、適正な退職管理が必要だとか、自治体からも制度化の要求があったとか、民間では定年制が普及しているのに公務員はケシカランという世論とか、ま、いろいろ理屈はあったようですな。ところがここにきて、公的年金制度との関係で、定年と年金支給年齢とのギャップをどうするかという問題が生じてきているのはご存知のとおり。

制度としての定年制は、法律で枠組みを作って、具体的な点は条例に委ねる、という形をとっているんだけど、国家公務員の場合はかなり具体的に法律で定めていて、地方公務員の場合もこれと整合性をとることが求められています。で、具体的な定年制というのは、定年に達した日以後の最初の３月31日までの間で条例で定める日に退職する、という内容になっているわけ。「定年」というのは、つまり年齢で定めるわけだけど、国家公務員では原則が60歳ということになっていて、地方公務員の場合はこれを基準として条例で定めることになっている。ということは、地方公務員についても、原則は60歳だということになるんだよね。退職する「条例で定める日」というのは、たとえば、60歳になった翌日だとか、60歳になった日から３か月後の末日だとか、いろいろな定め方が考えられるけど、その60歳になった最初の３月31日っていうのが多いと思う。

　あ、いつ60歳になるかっていうと、この計算は年齢計算ニ関スル法律という古い法律に基づくことになっていて、それによると、いわゆる誕生日の前日だっていうことになる。たとえば、４月１日生まれだというと、60年後の３月31日ということになる。これが「定年に達した日」になるから、この日を含めて最初の３月31日というのは、まさにその３月31日であって、だから結局その日に退職ということになっちゃう。

◆**特例定年**

　でも、60歳という国家公務員の基準では、職務と責任の特殊性とか欠員補充の困難さなどによってどうも実情に合わない、という場合には、特別に別の定年を条例で定めることができるとされています。この場合には、国や他の地方公共団体とのバランスを欠かないように考慮しなさい、という条件がついているんだけど、具体的にどうしたらいいのかっていうことは任されている。どういう場合が「実情に合わない」と言えるのかはケースバイケースになっちゃうけど、なかなか欠員を埋められない離島の医師というようなことが考えられるかな。そのほかは、国家

公務員にならうことになるんだろうね。たとえば国家公務員では、病院の医師、歯科医師などは65歳、守衛、巡視といった職では63歳、そのほか職務の特殊性や欠員補充の困難などによって65歳までの間で人事院規則で定める、というように5歳を限度として上乗せがされているんだよね。これを特例定年と言うんだけど、この特例は、職について定める特例であって、個人的な事情によるものではないことにご注意。

### ◆勤務延長

じゃ、個別の事情による特例制度はあるのかっていうと、これもやっぱりあるんだよね。こういった個別の事情によるものは、任命権者が行う権限を持っていて、いわば人事権の一環なんだね。これに対して、特例定年は、さっき見たとおり、条例で定める特例なんだね。

個別事情に対応する制度の1つは、勤務の特別延長制度。退職するとされている日、これを定年退職日と言っているんだけど、その翌日から起算して1年を超えない期限を定めて、引き続き勤務させることができる、というもの。この場合は、引き続き勤務を認めるわけだから、新たに任用する必要はない。ただし、期限付になるから、その期限がくると、当然退職になっちゃうわけね。その期限がきてもまだ必要だという場合には、また1年を超えない期限を定めて延長することができるけど、最初の退職するとされていた定年退職日から最大限3年を超えることができない、ということになっています。

これは特別に勤務を延長するわけだから、その職員の同意が必要だとされています。せっかくのんびりしようと思っていたのに勝手に勤務させるなんて迷惑だ、という人のことを慮って、というほどのことではないんだけど、再就職の予定とかいろいろ事情があるからね。勤務延長という性質からしてこの間は昇給などは考えられないとされています。

で、どういう場合に認められるかというと、一言で言えば、その人の退職で公務の運営に著しい支障が生ずるという十分な理由がある場合、というわけ。その人が高度の知識や技能、経験をもっているとか、勤務

条件が特殊で補充が極めて困難だとか、人が替わってしまうと重大な障害が生じる特別な事情がある、といったことだと説明されているんだけど、要するに特別なんだよね。

### ◆再任用

　もう1つは、定年退職者等の再任用制度。これは、高齢者の雇用活性化という目的と、公的年金の支給開始年齢が原則65歳になって、定年退職後の生活確保のための補填という目的と、2つあるとされています。再任用の対象者は、定年退職者と、勤務延長後に退職した者、それと定年退職日以前に退職した者のうちこれらに準ずる者とされていて、もちろん、その採用される職の定年に達していない場合は対象にならない。

　この再任用というのは、一旦退職して、その後に新たに任期付で採用する、という制度なんだね。だから、その人が採用してほしいという意思表示をしなければならないし、採用に当たっては、それまでの勤務実績などに基づく選考をすることになる。また、その就く職というのは、臨時とかではなくて、常勤の職であって、ということは、実質的にはそれまでの職を継続することも可能になるわけだね。だから、この場合は、条件付採用とはならないで、直ちに正式採用ということになる。

　再任用の任期は、1年を超えない範囲内とされているから、最長1年というわけだけど、これは1年を超えない範囲内で更新、再更新が認められます。ただし、最終期限が決められていて、それは、条例で定める年齢に達する日以後の最初の3月31日までの間で条例で定める日以前、となっている。分かりにくいけど、この年齢は国の職員の年齢を基準にして定めるとされていて、国ではこれを65歳としているから、結局原則として65歳までということになるんだね。つまり、65歳に達する日以後の最初の3月31日以前に任期が終了しなければならない、ということ。

　もう1つ、この再任用に特徴的なのは、短時間勤務の職に採用することができるということ。同じ常勤ではあっても、通常の勤務時間より短い勤務時間でいいんだね。ただ、これは、定年退職者等のうちでも正規

の定年に達した者に限る、とされています。

　給与については、地公法では規定していないけど、扱いとしては、短時間勤務はもちろん、再任用は原則としてダウンすることになる。といってもいろいろなケースがあるから、必ずしも一律ではないけどね。

◆**定年制の適用**

　この定年制は、すべての地方公務員に適用されるのかっていうと、そうじゃないわけで、臨時的任用などの任期を定めて任用される職員と、非常勤職員には適用されません。ま、ちょっと考えれば当たり前だろうけど。もちろん、特別職にも適用はない。あと、公立大学の教員については、その定年は、大学の評議会の議に基づいて学長が定めることになっていて、定年退職日は、定年に達した日から起算して1年を超えない範囲内で評議会の議に基づいて学長があらかじめ指定する日、ということで、一般の職員とちょっと違う適用になるんだよね。それから、臨時的任用を除いた任期付任用の教員にも適用されます。

　定年退職というのは、年齢によって自動的に退職することだから、「処分」というわけではなくて、辞令も通知にすぎない。だから不利益処分の不服申立ての対象にもならない、ということになるよね。念のため。

◆**退職管理**

　これまで離職の事由を見てきたんだけど、離職すれば職員としての身分は失われ、特別な法的関係にはないことになるはずだよね。でも、離職後もちょっとした制限がかかってきます。それも全体の奉仕者として職務を遂行してきたという立場から、退職後も疑惑をもたれるような行為を慎みましょう、という趣旨の制約と言っていいでしょう。これは職員の義務の範疇に入るのかもしれないけど、退職に関連することだし、法律も「退職管理」といっているから、ここで取り上げます。

　この規制は、大きく分けて2つあります。1つは、元職員の現職職員への働きかけの禁止で、もう1つは、退職管理の適正を確保するための措置です。

### ◆働きかけの禁止

　これは、営利企業等に再就職してその地位にある元職員が、離職前5年間の職務に関し、離職後2年間、現職職員に対し、職務上の行為をするように、又はしないように要求、あるいは依頼する行為を禁止するものです。どういう職務に関してなのかというと、その営利企業等との間で締結される売買、貸借、請負その他の契約、あるいはその営利企業等に対して行われる行政庁の処分、こういったものの属する職務に関してだ、というわけ。さらに、幹部職員であった者については、離職5年前より前に就いていた職に関しても、同様の規制がかかります。幹部職員というのは、首長の直近下位の内部組織の長又はこれに準ずる職で人事委員会規則で定めるものに就いていた者です。そのほかに、再就職者が、在職していたときに、その営利企業等との間の契約を決定したり、その営利企業に対する処分を決定したりしていた場合にも、その職務に関して要求・依頼を禁止しています。このようないろいろ細かい限定や拡大の規定が定められているし、適用除外の場合もあるけれど、大筋はこういう規制です。これに加えて、地方公共団体は、条例で、国の部長や課長等に離職5年前より前に就いていた者が、その就いていた時に在職した地方公共団体の執行機関の役職員に対して同じような要求・依頼をすることを禁止する旨を定めることができるんだね。

　一方、こういった禁止された働きかけを受けた現職職員は、人事委員会・公平委員会のその旨を届け出なければならない、とされています。任命権者の方は、こういった違反行為の疑いがあると考えるときは、人事委員会・公平委員会に報告する、その調査を行おうとするときも同様に通知する、調査の結果も報告する、という義務があるし、人事委員会・公平委員会は、任命権者の調査を求めることができる。

　さらに、これには、罰則が定められていて、このような働きかけをした元職員は、10万円以下の過料、その働きかけが不正の行為をするようにするものだったときは、1年以下の懲役または50万円以下の罰金、働

きかけに応じて不正な行為をした現職職員も、同じ罰則で処罰されます。また、不正な行為を見返りとする再就職のあっせんや求職活動を行った職員は、3年以下の懲役に処せられます。

◆**退職管理の適正確保**

　国家公務員については、このような退職に関連する禁止行為やこれに対応する退職管理に関する措置が、すでに行われているんだけど、地方公共団体も、この制度の趣旨と、その地方公共団体の職員の離職後の就職の状況を勘案して、退職管理の適正を確保するために必要な措置を講ずるものとされています。たとえば、再就職あっせんの規制、現職職員の求職活動の規制、再就職状況の公表といったことが考えられるね。それから、条例で、再就職した元職員に再就職に関する情報を届け出させることができる、とされていて、たとえば、その対象者、届出の義務付けの機関、届出事項なども定めることになるだろうね。この条例に違反した場合には、条例で、10万円以下の過料を科することができます。

(1) **離職の事由**
死亡
辞職　　　　任命権者の承認
失職　　　　欠格事由該当（28条4項）
分限免職　　分限事由該当（27・28条）
懲戒免職　　服務義務違反（27・29条）
定年退職　　　　　　　　（28条の2）／任期の終了

(2) **定年制**（28条の2）
定年退職日　定年に達した日以後における最初の3月31日までの間で条例で定める日
定年　　　　国の定年を基準（原則年齢60年）

(3) **定年制の特例**（28条の3～6）
・特例定年　特殊性又は欠員補充困難で実情に即さないとき
　　　　　　国・他の地方公共団体との権衡を失しない→～65歳
・勤務延長　職務の特殊性・特別事情で公務の運営に著しい支障
　　　　　　期限＝定年退職日から1年以内→再延長→後3年まで
・再任用　　高齢者の雇用活性化・公的年金支給との調整
　　　　　　対象者＝定年退職者・勤務延長退職者・準ずる者
　　　　　　採　用＝従前の勤務実績等に基づく選考
　　　　　　任　期＝1年を超えない範囲内（更新・再更新可）
　　　　　　職　　＝常勤の職・短時間勤務（常勤）の職
　　　　　　条件付採用の不適用

(4) **退職管理**（38条の2～38条の7）
再就職元職員が、離職前の職務に関して、現職職員に対し働きかけをすることを禁止
　　離職前5年間の職務・離職後2年間の禁止
　　　→罰則（60条4号～8号・64条・65条）
　　退職管理の適正を確保するための措置・再就職情報の届出
　　　→条例

**問1** 次の記述のうち、正しいものはどれか。

1 本人の意思にかかわらず離職することは、すべて不利益処分に該当する。
2 離職の事由のうち分限免職も懲戒免職も、職員に科する制裁であり、いずれも退職手当が支給されない。
3 辞職には任命権者の承認が必要であり、その辞令が交付されるまでは辞意の撤回は原則として可能である。
4 定年退職は、定年に達した日において、自動的に退職する制度である。
5 定年は、国の定年を基準として条例で定めるが、条例で、3年を限度としてこれに上乗せする特例定年の制度を設けることが認められている。

**問2** 次の記述のうち、誤っているものはどれか。

1 定年制は、臨時的任用の職員その他の任期を定めて任用される職員及び非常勤職員には適用されない。
2 定年後の勤務延長は、その職務の特殊性又はその職務の遂行上の特別の事情からみてその退職により公務の運営に著しい支障が生ずると認められる十分な理由があるときに限られる。
3 定年後の勤務延長の期間は1年未満でなければならないが、特別の必要性が引き続き存する場合には、さらに1年を超えない範囲内でその期限を延長することができる。
4 定年後の勤務の延長も、退職後の再任用も、任命権者が決定するが、決定に際しては、あらかじめ、人事委員会又は公平委員会の承認を得ることを必要とする。
5 定年退職後の再任用は、定年で退職した者も、定年後の勤務の

> 延長をしてその期限の到来によって退職した者も、その採用しようとする職の定年に達していれば、選考によって行うことができる。

《指針》　ここでのポイントは、離職の事由と定年制の内容、特に特例定年、勤務延長、再任用の違いを確認することだろうね。

　問１は基本問題。定年制は本人の意思にかかわらず年齢によって離職することだから、不利益処分ではない。処分を要せずに、自動的に退職するから、退職の辞令は単に通知の意味しかない。もちろん、退職時点は、定年に達した日以後における最初の３月31日までの間において条例で定める日となるよね。分限処分は制裁ではないから、退職手当は支給される。３は辞職の効果が生じる時点の問題だね。定年は、国が60歳だから、これを基準にするんだけど、特殊性や欠員補充の困難性を理由に特例定年を条例で定めることができる。ただし、プラスする年限の規定はなく、権衡を失しないようにとされているだけなんだね。

　問２は、勤務延長と再任用が中心の問題。まず、定年制の不適用は臨時的任用など任期付の任用と、非常勤だったね。次の勤務延長が認められる事由は２の記述のとおり。延長期限も１年が限度だけど、再延長、再々延長も認められて、定年退職日後最大限３年までだね。勤務延長も退職後の再任用も、どちらも手続きとしては、任命権者が条例の定めるところに従って行う。だから、延長も再任用もすべて人事委員会の承認を要するとする条例がないとは言えないけれど、少なくとも一般の公平委員会にはそのような任務を負わせられないから、その承認は考えられない。実際には、勤務の再延長について人事委員会の承認を要するとする条例が多いと思うよ。再任用の対象は、定年退職後の人も、定年後の勤務延長をして退職した人も、含まれることは法律の規定どおり。

《参照条文》28条の２～５、28条１項、29条１項

《正解》問１＝３、問２＝４

# 第❸章

## 職員の義務

✳

―――――――――

第10回
服務の根本基準と義務
第11回
職務上の義務
第12回
身分上の義務(1)
第13回
身分上の義務(2)

| 第3章 | 職員の義務 |

## 第10回 ●服務の根本基準と義務
服務の根本基準／公務員倫理／服務の宣誓／職務上の義務と身分上の義務

　ええと、これも江戸の川柳なんだけどこういうのがある。
「さんけさんけ間男をしました」
　字数が合ってないじゃない、ホントなの、と思われるかもしれないけれど、別に勝手に作ったわけじゃない、あるんだよね。「さんけ」は今で言う懺悔。もともと仏教からきた言葉で、「ザンギサンケ」という成句で用いられていたため江戸時代にはザンゲと言うようになったというから、これも「ザンゲザンゲ」と読んだんだろうな。これ、滝か何かにうたれながら神仏に罪の許しを請うときの決まり文句、いわゆるみそぎだね。で、滝に打たれている本人は、大声で、間男をしました、すみません、とやっているわけ。もっとも現代と違って、不義密通はご法度の時代、へたをすれば死罪になるところだったから、多分やさ男の御本人は必死の形相でやっているんだろうな……
　江戸時代の庶民生活にもこういう社会規範があって、いろいろ規制されていたわけだけど、コロっと変わって、現代の地方公務員の世界にはどういう規範があるだろうか、どういう生活の規制がされるんだろうかっていうのがこれからのテーマ。

### ◆服務の根本基準
　そこで、地公法の30条をみてもらうと、服務の根本基準というのがある。「服務」っていうのは何かっていうと、職務に従事すること。だから、職務に従事する場合に従わなければならない決まりが、服務規律なんだね。その基本は何かというと、ここでは2つのことが書かれています。1つは、全体の奉仕者として公共の利益のために勤務すること。もう1つは、職務の遂行に当たっては全力を挙げて専念すること。

どちらにしても読めば分かることで説明する必要はないんだけど、第1回で全体の奉仕者ということを憲法との関係でやったよね、これをちょっと思い出しておいて欲しい。公務員の服務規律はこれが基本にある、ということです。つまり、全体の奉仕者という地位にあることから服務義務が規定される、その意味で民間とは異なる義務になるということです。だから、職務上の規律だけに止まらず、公務員としての身分を有することそのものによる規律というのもあって、こういったものは公務の適正な執行の確保とか、公務に対する信頼の確保とかいった観点から要求される、と説明されています。なんとも窮屈ではあるけど、まあしょうがないよね。

◆**公務員倫理**

もう1つ窮屈なことなんだけど、国家公務員については国家公務員倫理法というのがあって、職務権限に関わる国民との関係についてさまざまな規律を定めているのはご存知のとおり。で、これはいろいろと公務員の不祥事が明るみに出て、全体の奉仕者として目に余る、というわけで、本来は道徳とか倫理の範疇の問題だけど、強制力のある規制をすべき段階に来ている、となって制定されたんだよね。関係業者などの利害関係者との飲食はダメとか、ゴルフもダメとか、という倫理規程を定める、贈与等の報告とその公開を行う、審査会を置いてチェックする、違反は懲戒処分になり、その概要を公表する、といったことを内容としていて、これに準じて地方公務員の職務についても必要な措置を講ずる努力義務が規定されています。これに基づいて、地方公共団体でも同じようなことをしているわけね。で、まあ、これも服務規律の一環ということになるんだな。

でも、内容や運用に問題はかかえているけど、倫理規定に定めている倫理行動規準というのは、やはり基本ではあるだろうね。その1は、国民全体の奉仕者であることを自覚して常に公正な職務の執行にあたること、その2は、常に公私の別を明らかにすること、その3、権限の行使

に国民の疑惑や不信を招くような行為をしないこと、その4、公共の利益の増進を目指し、全力を挙げること、その5、勤務時間外でも公務の信用に関わることを常に認識すること、ということです。

◆**服務の宣誓**

で、公務員になるとこういった規律に服さなければならないから、そういう自覚を促すという意味で、職員は服務の宣誓をさせられるんだよね。この宣誓というのは、職務に就く前にすることになっていて、宣誓の前に職務を行ってはいけませんよ、という建前になっている。

じゃ、宣誓というのはどういうふうにするのかというと、あらかじめ決められた文句があって、この文句に従って宣誓し、その文句の書いてある宣誓書に署名捺印して提出するということになっています。どんな文句かっていうと、これは条例で定めることになっているんだけど、だいたいどこでも同じはずで、一般の職員の場合はこうなっている。

　私は、ここに、主権が国民に存することを認める日本国憲法を尊重し、かつ、擁護することを固く誓います。

　私は、地方自治の本旨を体するとともに公務を民主的かつ能率的に運営すべき責務を深く自覚し、全体の奉仕者として誠実かつ公正に職務を執行することを固く誓います。

これに年月日、氏名、印、と続くわけ。ポイントは、憲法擁護と地方自治の本旨と全体の奉仕者という三位一体と言えばいいかな。警察職員や消防職員の場合は若干違っているけど、基本的には同じ。

そうそう、この宣誓は、任命権者あるいは任命権者の定める上級の公務員の前でする、ということになっている。そこでちょっと疑問になるでしょ、そもそも誓うというのは何かにかけてするものじゃないの、何にかけるの、「ざんげざんげ」だって神仏に懺悔してるんじゃないの、て。

アメリカなんかではよくドラマやニュースでやっているよね、「アイ・スウェア……」って。あれよく見ると聖書に手をかけてやっているんだよね。大統領就任の場合は最高裁長官の前で、裁判の証人の場合は裁

判官の前でやる。無神論者はどうするのか知らないけど、要するに神に誓っている、それを証人の前で明らかにするっていう行為なんだな。日本では、戦後、公務員法ができたときに、アメリカの考え方が導入されたのね。そのとき、日本神道や仏教によるわけにもいかないから、人の前で宣誓して署名捺印する、という起請文みたいな形になっちゃったわけ。国会の証人喚問なんかでもやるでしょ、あれは、宣誓書を朗読して、署名捺印するという形なんだよね。なんだか日本は紙にかけている感じがするね。

　宣誓を拒否したらどうなるかっていうと、これについては直接の規定はありません。もちろん、罰則が付いているわけじゃない。でもこれは職員の服務規律のスタートだから、拒否イコール公務員になることの拒否、ということになるんだろうね。公務員としての適格性を欠くということにもなるし、公務員法に違反するということにもなるから、まあ、公務員としてはいられなくなる可能性もあるね。少なくとも懲戒処分の対象にはなる。

◆**職務上の義務と身分上の義務**

　で、実際に職員となるとどんな服務規律があるだろうかというと、これは大きく分けて2つになります。1つは、職務上の義務で、職務を遂行する上で従わなければならない義務ということ、もう1つは、身分上の義務で、公務員としての身分を持っている上で従わなければならない義務ということ。どういうものがあるかというと、職務上の義務には、法令等に従う義務、上司の職務上の命令に従う義務、職務に専念する義務がある。身分上の義務には、信用失墜行為の禁止、守秘義務、政治的行為の制限、争議行為等の禁止、営利企業等従事制限といろいろあります。これらは、すべて法律に規定されている義務だから、中には違反に対する罰則も規定されているけれど、それだけに止まらず、違反行為は地方公務員法違反となって懲戒処分の対象になるのが原則であります。

## まとめ

**(1) 服務規律の根本規準**（30条）
- 全体の奉仕者として公共の利益のために勤務
- 全力を挙げて職務に専念

**(2) 公務員倫理**
- 国家公務員倫理法に準じた施策に努める
  - 公務員倫理規程の制定
  - 贈与等の報告・公開、倫理審査会の設置
  - 倫理監督官の設置、違反行為の懲戒処分
- 公務員倫理規程の倫理行動規準
  - 全体の奉仕者、公私峻別、信頼される権限行使
  - 全力を挙げて公共の利益増進
  - 公務信用を傷つけない認識行動

**(3) 服務宣誓**（31条）
- 条例で定めるところにより宣誓、宣誓書に署名捺印
- 宣誓後でなければ職務執行できない

**(4) 職務上の義務と身分上の義務**
- 職務上　職務専念義務
  - 法令等・上司の命令に従う義務
- 身分上　信用失墜行為の禁止
  - 守秘義務
  - 政治的行為の制限
  - 争議行為等の禁止
  - 営利企業等の従事制限

**問1** 職員の服務に関する次の記述のうち、誤りはどれか。

1 職員の服務の根本基準としては、全体の奉仕者として公共の利益のために勤務することと、職務の遂行に当たっては全力を挙げてこれに専念することとがある。
2 新たに職員となった者は、任命権者の面前で、服務の宣誓をしなければならない。
3 服務の宣誓は、口頭で宣誓し、宣誓文が記載してある宣誓書に署名捺印してこれを提出することによって行う。
4 条例で定めるところによって行う服務の宣誓を拒絶した場合には、その条例で定める欠格条項に該当することになり、その者は当然に失職する。
5 職員の服務規律としての義務には、職務遂行に際しての職務上の義務と、公務員という身分を有していることによる身分上の義務とがある。

《指針》 まず、服務の根本基準の2点は確認しておいてほしい。これは条文どおり。次に、服務宣誓だけど、この方法は条例に委ねられているけど、法律では宣誓することが要求されているから、口頭でしなければならない。となると、誰かが傍にいなければならない。となると、任命権者が相応しいわけで、かといって全員が任命権者の前でするのは難しい場合もあるから、上級の職員がその代わりに証人となることになる。これを拒絶したらどうなるかは、法律には規定がないから解釈問題になる。宣誓前には職務に就くことができないから、多分分限処分になったりするんだろうけど、欠格条項の問題にはならないし、条例で欠格条項を定めることはできないと解されるよね。

《参照条文》30条、31条

《正解》問1＝4

## 第3章　職員の義務

### 第11回　●職務上の義務
法令等に従う義務／上司の命令に従う義務／職務専念義務／職務専念義務の免除

　ええと、前回変な譬えをして、起請文(きしょうもん)なんて言葉を出しちゃったんだけど、これは説明した方がいいんだろうな。

　もともと起請というのは、神仏にかけて自分の意思や約束に偽りがないことを文書にすることで、起請文はその誓詞なんだね。これを、昔は熊野神社などが出していた「牛王宝印(ごおうほういん)」を記した厄除けの護符の裏に書いた。もし誓いに違うようなことがあれば、神の使いである熊野の烏が三羽死ぬ、とさえ言われた位のもの。だから、起請文というのは大変な誓いの証拠だったんだな。

　そういう厳粛なものだったんだけど、江戸の末期ともなると、遊女が、年季が明けたらあんさんと一緒になるわいな、という約束を起請文にしたんだね。遊女は商売だから、あちこちの鼻の下の長い客に何枚も書いて、客を引き寄せておいたというわけ。だから烏は何羽いたって足りやしない。「三千世界の烏を殺して主と朝寝がしてみたい」なんていう都々逸があって、ま、これは単に朝烏がうるさくて寝てられないだけだろうけど、遊女の起請文は、今で言えば人権無視の職務に専念せざるを得なかった境遇の故なんだから、熊野の神様も大目に見たと思うよ。

　で、職務に専念する義務というのは、職務上の義務なんだけど、まずはこれについて見て行くことにします。

#### ◆法令等に従う義務

　職務上の義務のまず第1は、法令等に従う義務。

　これは、職務を遂行するに当たって、法令、条例、規則、規程に従わなければならない、という義務、と言ってしまえば当たり前のことのように思えるでしょうけど、行政というのは法律に基づいて行われなけれ

ばならないということと、公務員の身分関係は法律で定めるということとがその基本にあるわけ。法律による行政の原則というのは、近代国家では基本的な原則で、統治者の恣意によって権力が奮われてはいけないということ、これは広い意味の法治主義に含まれると言っていいでしょう。だから、この義務は結構深い意味を持っているのであります。

　ここでいろいろな種類の法規が挙げられているけど、要するに正規の手続きを経て制定される法だということです。「法令」は、国や地方を含めて広い範囲の法、成文法をいう場合もあるけど、ここでは国の定める法令、つまり、憲法から始まって、法律、政令、省令などを指しているし、条例は地方公共団体の議会が制定するもの、規則は長が制定するもの、そして、規程は、例えば人事委員会などの機関が定める規則を指している。つまりこういう広い意味の法令に従わなければならない、というわけ。

### ◆上司の命令に従う義務

　次の上司の命令に従う義務というのも、普通の組織なら当たり前なんじゃない、という感じはあるでしょ。そうではあるんだけど、これは行政も階層的な組織という秩序を作ってそれによって運営されていくのだ、という考え方が基礎にあるんだよね。だから、人事評価その他の能力の実証に基づいて任用をするという人事管理においても、職制上の段階があることを前提に、その段階に属する職について標準職務遂行能力というものを定め、これと適性とを有するかどうかを判定するということになるわけ。それと、給料表と対応して等級別基準職務表というのを定めることになっているのも、その表われであると言えます。

　ここで問題は、1つ、「上司」というのはどういうことでしょうか。これは職務上の上級者ということで、その職員に対して指揮監督権限をもっている者のこと。職務について、こうしなさいとかああしなさいとかいう立場の人だね。この命令を職務命令と言っている。これとは別に身分上の上司というのもあるんだけど、これは職員の任用といった身分

取扱いの権限を有する者をいうわけ。たとえば、選挙が近づいて知事部局の人が選挙管理委員会の仕事に従事させられるでしょ、この場合、身分上の上司は知事部局の方にいるけど、職務上の上司は、選挙管理委員会の方になる、ということ。

　2つ目の問題。命令に「忠実に従」わなければならない、となっているけど、どんな命令でもそうなんだろうかということ。結論からいうと、職務命令は、誰が見ても肝心のところで明らかにおかしいという場合を除いては、従わなければならない、とされています。法律上の言葉でいうと、取消しうべき瑕疵がある場合や有効な命令であるかどうか疑わしい場合は有効性の推定が働くから、その内容に重大かつ明白な瑕疵がある場合を除いて、服従義務があるということです。

　じゃどういう命令が有効なものかっていうと、第1は指揮監督権限を持っている上司による命令であること。第2に、自分の職務に関する命令であること。つまり、職務上の命令であることだよね。自分の職務の範囲内かどうかは法令や職務命令によって決まってくるけど、これも一律には言いにくい。第3、実行可能な命令であること。事実上可能であることと、法律上可能であることと両方あって、たとえばパソコンのパの字も知らない者にデータベース作れなんて言ったって無理な話だし、運転している人にスピード違反やれ、というのも違法な話。

　もう1つ問題は、職務上の命令ではないけれど、職員としての身分に伴う生活行動についてどの範囲のことなら命令できるかという身分上の命令があるんだよね。たとえば住居の制限、制服や名札の着用といったことが問題になる。一般的には、公務員関係として合理的な範囲ならこれも有効だと考えられている。逆に言えば、その範囲なら従わなければならないということだよね。職務上の必要からどうしてもある官舎に入居しなければならないとか、窓口担当者だから名札を着用するとかは、原則として認められる範囲のものだと考えられているんだよね。

◆**職務専念義務**

　職務上の義務の第2は職務専念義務ということになります。これは服務の根本基準にもあることなんだけど、改めて35条に具体的な義務として規定されているわけで、ということは、これに違反すると責任を問われる、つまり懲戒処分の対象になるよ、ということになる。具体的な義務の内容はどういうものかというと、勤務時間と職務上の注意力のすべてをその職責遂行のために用いなさい、というわけ。その職務にのみ従事しなければならないのだから、他のことをやっちゃあいけない、ということにもなる。

　もちろん、この義務は勤務時間として定められた時間内のことであって、勤務を要しない日だとか、勤務時間外であるとか、そういうときに職務専念義務があるというわけじゃない。もっとも時間外であっても時間外勤務の職務命令があれば、その間は義務があるけどね。ただ、戦前の公務員みたいに、天皇に忠節を誓い、無定量の奉仕をする、というのとはまるっきり違うものなんだよね。

　でも、この義務はどういうところに根拠があるかというと、やはり全体の奉仕者であるという公務員の性格に求められる、とされているんだよね。国民全体の利益を実現するために、全力を傾けて公務を遂行しなさい、ということ。民間の会社勤めにもこういった義務はあるだろうけれど、それは、労働を提供し、これに対する報酬を受けるという双務契約に基づくものであって、公務員の場合と違うっていうことになる。

◆**職務専念義務の免除**

　ところが、法律や条例に特別の定めがあると、この義務は免除されるわけ。え、じゃ勤務時間内でも他のことをやっていいのって思うでしょうけど、そうなんだな。もちろん、それは限定されているわけで、やたらに認められるわけじゃない。だからこそ、特別な法的な根拠が必要ですよ、とされているんだよね。

　で、どういう場合かっていうと、法律で定められているのは、分限処

分としての休職や懲戒処分としての停職がまずある。なんだ、職務遂行を停止するんだから当たり前じゃないか、と思うでしょ。そう、そういうものなのです。そのほか、地公法では、在籍組合専従の場合と職員団体の適法な交渉の場合とが規定されているし、部分的に適用される労働基準法では、年次有給休暇、産前産後休業、育児時間、生理休暇なんかがあるよね。育児休業法による育児休業、育児短時間勤務や部分休業も同じだな。もっとも、細かいことを言うと、職員団体の適法な交渉については、観念的には、適法な交渉の申入れと職務専念義務の免除とは別個のことで、一応原則として職務専念義務の免除を要すると解されています。通常はほぼ自動的に免除をすることになる扱いなんだけどね。

　条例ではどうかっていうと、勤務条件を定める条例として休日休暇に関する条例が普通は制定されていて、これが特別な規定に該当するわけ。いわゆる休日や休暇、休憩時間、年末年始、忌引などいろいろあるはずです。もうひとつ、この35条に基づく条例として職務専念義務の特例に関する条例というのも制定されている。これは、研修だとか、厚生計画に基づいた行事に参加する場合だとか、そのほか人事委員会が定める場合だとかについて定めるのが普通です。この2つの条例は、一方が勤務条件に関するもので、他方が服務に関するものだという一応の区別はされているんだけど、どうも明確に区分されているとは言い難いんだな。だって実態上はどっちにしたって同じだし、法的な効果も違いがないんだから、あんまり区別する必要がないようにも思うね。休日や休暇については、また勤務条件のところで見る予定です。

　そうそう、よく問題に出されるのに、営利企業等への従事制限があるけど、これは従事許可を受けても、直ちに職務専念義務が免除されるわけじゃありません。この許可と免除は別個の観点からされるものなんだよね。ただ、教育公務員については、教育に関する他の事業・事務に従事することが認められると、義務が免除されるという特別規定があります。それから、勤務条件に関する措置要求をするとか、不利益処分に関

する不服申立てをするといった場合、権利の行使だから免除されるだろうと思うかもしれないけれど、これについては規定がないのが普通。ということは、原則として免除されないんだな。

　で、職務専念義務が免除されると、仕事をしなくていいというわけだから、給与の方はどうなるでしょう。原則を言えば、働かないから払わない、ということになるんだけど、これも法律や条例の定めで決まってくるんだよね。たとえば、在籍専従については給与は支給しない、ということになっているし、育児休業も原則として同じだよね。反対に、有給休暇は読んで字の如し、給与は払われる。ところがこういうように明確な規定が置かれていないものもあって、その場合は給与条例によることになって、その条例で何にも言ってなければ、結局は払われるという結果になるようであります。

(1) **法令等・命令に従う義務**（32条）

　法令等に従う義務
　　法令（国の法令）・条例・規則・規程
　　法律による行政の原理
　上司の命令に従う義務
　　階層的行政組織の存在を前提—職制上の段階
　　上司＝職務上の上級者（職務の指揮監督権）
　　　・身分上の上司＝その職員の身分を取り扱う権限
　　職務命令の有効要件
　　　・職務上の指揮監督権限を有する上司の命令
　　　・職務に関する命令
　　　・実行可能な命令内容
　　服従義務←職務命令の有効性の推定
　　　　例外＝重大かつ明白な瑕疵のある場合
　　身分上の命令　公務員関係として合理的な範囲内
　　　　服従義務とその限界の問題

(2) **職務専念義務**（30・35条）

　勤務時間と職務上の注意力のすべてを職務遂行のために
　例外　法律・条例の特別の定め＝義務の免除
　　法律→休職・停職・休暇・休業・在籍専従の許可など
　　条例→休日・休暇・休憩時間
　　　　免除条例（研修、厚生など）
　　給与の支給の有無（基本的には条例の定めるところ）

**問1** 職員の義務に関する次の記述のうち、正しいものはどれか。

1 職員は、職務の遂行に当たり、条例や規則に従わなければならないが、国の法令に従う義務はない。
2 職員は、有効な職務命令には従わなければならないが、命令に重大かつ明白な瑕疵がある場合には服従する義務はない。
3 職務命令には身分上の命令も含まれ、職務の遂行に影響があると認められる限り、婚姻に関して許可を受けるよう命ずることも可能である。
4 指揮監督権限を有する上司の命令は、職務上の命令、身分上の命令及び私的雑務の命令に分けることができるが、指揮監督権限に法的な根拠が認められるならば、その命令に従う義務がある。
5 職務命令が法律上有効であるかどうかの判断権は、その命令を受ける職員にあり、職員は、その命令に無効原因や取消原因があるかどうかを確認しなければならない。

**問2** 職員の義務に関する次の記述のうち、誤りはどれか。

1 職務専念義務は、法律又は条例に特別の定めがあれば免除できるが、休日休暇に関する条例もこの特別の定めに該当する。
2 条例による職務専念義務の免除は、免除事由を具体的に定める条例の規定に基づく場合と、条例により一定の管理職に一般的な免除権限を付与し、その命令又は処分による場合とがある。
3 職務専念義務を免除した場合、その時間数や日数に対応した給与は、その免除の性質に応じて、支給されない場合と支給される場合とがある。
4 勤務時間中に職務を行いながら、職員団体の主張をアピールする内容のプレートやTシャツを着用する行為は、職務上の注意

力のすべてを職責遂行のみに用いるという義務に違反する。
5 勤務条件に関する措置要求は、職員に保障された権利であるから、これを勤務時間中に行っても、職務専念義務に違反するものではない。

《指針》 問1はそれほど難しい論点はないと思うけど、職務上の命令の有効性の問題、身分上の命令の限界なんかが問題かな。服務上の義務は、職務上のものと身分上のものがあり、職務命令もその両方があると考えられるけれど、原則として職務命令は有効性の推定を受けるから、命令を受けた方には服従義務が生じる。ただし、重大かつ明白な瑕疵があれば、拒絶できると解されていて、その第1次的な判断はその職員に委ねられる。だからといって、すべての命令を、無効か取り消すべき行為かなんて吟味する義務もないし、権限もない。身分上の命令には、職務との関連で合理性がなければならないとされている。あ、もちろん、私的雑務の命令なんていうのはありません。

問2は職務専念義務、特にその免除に関する問題。免除は、法律か条例に根拠を必要とするけど、その条例の名称は関係ない。その場合、具体的な事由を規定しているのと、ある程度包括的に任命権者やその委任を受けた者に委ねているのがあって、どちらでなければならないというものではない。免除によって給与がカットされるかというと、有給休暇は当然にカットされない、育児休業は支給なし、と、それぞれの免除の性質によってさまざま。教室では触れなかったけど、いわゆるプレート闘争などは、この職務専念義務違反だとする判例がある（最高裁昭52.12.13）。ちょっと問題としてはむずかしいかもね。措置要求との関係については、法律にも、多分条例にも、規定がないから、法的には当然には義務は免除されない。

《参照条文》33条、34条、35条、育児休業法
《正解》問1＝2、問2＝5

| 第3章 | 職員の義務 |
|---|---|

| 第12回 | ●身分上の義務(1) |
|---|---|
| | 信用失墜行為の禁止／守秘義務／職務上の秘密の公表／政治的行為の制限 |

　ええと、前回、遊女の起請文の話をしたんだけど、いくら商売とは言え、何枚でも書いていいというわけじゃなかったらしい。「罰当たり女郎の百枚起請」なんて言われていた。でも、遊女勤めをしている間は、75枚までは偽りの起請文を書いても神仏も許す、とされていたというから、やっぱり大目に見たんだよね。とは言っても、遊女奉公は、実質は人身売買で、「万一病死頓死不慮に相果て候とも」構わないという念書を入れたんだから、泣く泣くなったんだろうね。ご奉公と言われることもあった公務員関係と比べたら、同じ奉公でも大変な違いだけど、ま、職員の義務の続きに入ろうか。

**◆信用失墜行為の禁止**

　ということで、こんどは身分上の義務に入ります。これは職務に従事している間だけではなく、私人としての行為についても適用される、つまり、公務員であるということだけで課される義務なんだよね。

　まず第1に、信用失墜行為の禁止。なんか恐ろしそうな感じがするけど、要するに破廉恥なことをするなよ、ということである。と言ってしまうと間違いになるかもしれないから、もう少し詳しく見ておきます。

　ここでは2つのことが義務として規定されています。1つは、職の信用を傷つける行為をしてはいけない、ということ。だから、これはだいたいは職務に関連した非行だということになるね。2つは、職全体の不名誉となるような行為をしてはいけない、ということ。この場合は、職全体、つまり公務員全体に関わるというようなことになるから、職務に関連した非行である場合も、職員の個人的な行為としての非行である場合もあることになるね。要するに職務内外を問わず、非行があってはな

らない、ということなんだな。このような行為規範が要求されるのは、全体の奉仕者であるからである、と説明されています。この言葉にもいいかげんうんざりしてきたでしょうが、ま、我慢ガマン。

じゃ、どういうものが信用失墜行為に該当するのか、というと、これは一般論としては基準が立てられない。いろいろな状況、事情によって違うし、人によっても違う。だから、結局は社会通念に従い、ケースバイケースで判断する、ということになってしまう。

たとえば、ということで考えると、収賄罪、いわゆる汚職なんていうのは、これは典型的な信用失墜行為だろうね。公務員について刑法で定められている犯罪にはこのほか職権濫用罪なんかがあるけど、こういうのは当然該当する。ほかの法令違反ではどうかっていうと、たとえば道路交通法違反は身近な問題だけど、悪質な違反行為なら該当する可能性が高くなるだろうね。来庁者に極めて粗暴な態度をとったのがこれに該当する、という前例もある。もちろん、公務員倫理規程などに違反したら、これに該当するということもありうる。そのほかに、私的な生活レベルの行為でも、問題にされることがないとはいえない。要は「社会通念」なんだけど、これもホントはよく分からないものなんだよね。

信用失墜行為をしたらどうなるか。もちろん、罰則があるわけじゃないよね。でも、地公法違反ということで、懲戒処分の対象にはなります。また、「全体の奉仕者たるにふさわしくない非行」があったと認められると、それでも懲戒処分の対象になってしまう。どちらにしても同じことだけどね。

◆守秘義務

身分上の義務の第2は、守秘義務。秘密を漏らしてはいけない、ということ。もっとも、漏らしていけないのは「職務上知り得た秘密」だから、個人的に知っている秘密は関係ないよね。この義務は退職した後にも課されています。だから、この義務に違反して秘密を漏らすと、職員であれば懲戒処分の対象になると同時に刑罰も科されるし、退職者であ

れば懲戒はできないから刑罰が科されるということになる。
　どうしてそんなに重いのかっていうと、秘密が漏れると、公益を害することになります、秘密が個人に関係したものだとその個人の利益を損なうことになります、公務の円滑な運営にも支障を生じることになります、そういう重大な事態を引き起こすからです、と説明されています。で、この対象になるのは、職務の執行に関連して知ることのできた秘密、ということだから、職務上の所管に属する秘密だけでなく、職務の執行上知ることができた秘密も含まれることになります。たとえば、税務職員が税務調査で知った個人の財産状況は前者に該当するけど、介護職員が訪問先で知ったその家庭のいざこざは後者になるわけ。もちろん、職務と全く関係なくたまたま知った事実は「職務上知り得た秘密」にはなりません。
　じゃ「秘密」というのはどういうものを言うかというと、「一般に了知されていない事実で、それを一般に了知させることが一定の利益の侵害になると客観的に考えられるもの」とされている。判例では「非公知の事項であって、実質的にもそれを秘密として保護するに値すると認められるもの」（最高裁昭52.12.19）と言っています。難しい言葉を使ってかえって分からないかもしれないけど、要するに、マル秘の判が押してあればみんな「秘密」だ、というわけではなくて、実質的に保護しなければならない一般に知られていない事柄、ということなんだな。これは実質秘とも言われています。これに対してマル秘扱いという指定をしただけのものは形式秘と言っている。

◆**職務上の秘密の公表**
　でも、秘密だから絶対に表に出してはいけない、ということになると、ちょっと困ることもあるんだよね。しかも公務に関する事柄だから、公表した方が公益にかなうということもある。もちろん、秘密を守るというのも公益のためであるけれど、他の公益との間で、調整することも必要な場合があるはずだね。そこで、職務上の秘密は、他の公益に基づい

て公表することが要請される場合には、一定の要件の下で認めましょう、という制度が設けられているんだね。

　では、どういう場合に公表を認めるかというと、裁判手続、つまり民事訴訟、刑事訴訟で証人や鑑定人になった場合、それから衆議院と参議院が国政調査権を持っていて、証人喚問する場合、同じように地方公共団体の議会も調査権を持っていて、これは地方自治法100条に規定があるものだから百条調査権と言っているけど、そこで証人喚問する場合などが代表的なもの。そのほかにも、人事委員会が審理、調査する権限を持っているから、その権限行使のときに証人を必要とする場合がでてくる、こういったものがあるんだね。

　こういった裁判や調査や審理においては、行政が握っている秘密を知ることがどうしても必要な場合が出てくるわけ。でも、秘密だから教えてやらないよ、と言われると困っちゃうよね。事件や調査を解決することができなくなってしまう。だから、こういった真実を明らかにすることを法律が予定している活動については、そっちの方を優先して、秘密であっても発表してもいいよ、ということになっているのであります。で、この場合は任命権者の許可が必要なんだけど、原則として、任命権者は許可を拒否できない、と解されています。真実の追求の方により価値を置いているということになるね。でも、法律に特別の規定があって、拒否することができる場合がある。つまり、原則としては真実追求に敬意を表しているわけだけど、問題によっては秘密にすることの方が公益の観点から必要な場合がある、その比較考量をしましょう、という場合なんだよね。特別の規定としては、刑事訴訟法や地方自治法、議院証言法などがあります。こういった規定では、拒否する方が公表できない理由を明らかにすること、などが要件となっている。要するに、厳しい制限がついているというわけ。

　そうそう、守秘義務は退職者についても課されているから、退職者が発表する場合、誰の許可を受けるのかという問題があります。これはま

あ常識的に、退職したときの職の任命権者、その職がなくなっていれば同じような職の任命権者でいいじゃない、ということになっている。

　このような手続きで公表されることが可能なのは、職務上の秘密ということなんだけど、これはさっきの分類で言えば、職務上の所管に属する秘密なんだね。じゃ、職務執行上知りえた秘密はどうなるの、という疑問が出るかもしれない。でも、よくよく考えれば、執行上知りえた秘密というのは、行政権限の行使によって得た秘密ではなくて、たまたま知った秘密なんだから、それを公表して真実を追求するというようなものではないんだよね。その公表について任命権者が責任をもって許可するかどうかを判断できるようなものではない、ということなんだね。だから、職務執行上知りえた秘密については、このような調整をして公表するということにはなじまない、ということになるんだね。

### ◆政治的行為の制限

　身分上の義務の第3番目は、政治的行為の制限。政治的活動の自由は憲法によって保障されている、ということは、原則的に職員についても妥当するものだね。もちろん、これは原則の話であって、いろいろ職員については制限がある。そんなに制限していいの、という疑問は当然あるんだけど、裁判所も合憲だと判断しているのだから、まあしょうがない。どういう理由で制限しているかというと、職員の政治的中立性を確保することによって、一方では公正な行政の運営を確保する、他方では政治的影響力から職員を隔離して職員の利益を保護する、という2つの理由が地公法に掲げられているわけ。その根拠は、というと、これまた全体の奉仕者だからです、となるわけ。もう何度出てきたのかな、いい加減飽きちゃう言葉だけど、大切なことは大切なのです。

　で、どんな政治的活動が、どんなふうに制限されるか、というのが次の問題になるわけね。

　これからがちょっと分かりにくいところかも知れないけど、制限される政治的行為は2つに分けられます。第1は、政党の結成などに関与す

る行為。ここでいう「政党」には、ふつう言われている政党に限らず、いろいろな政治団体をも含んでいるんだよね。政党や政治団体は政治資金規正法で届け出ることにはなっているけど、届出しなくちゃいけないというわけじゃないから、ここでも届出するかどうか、しているかどうかとは関係ない。要するに、政治的な目的を持つ団体ということになるんだな。あ、それから注意してもらいたいのは、選挙に立候補しようとする人を推薦したり支持したり、これに反対したりすることも、政治的な目的だということ。「○○君を国会に送る会」とかなんとかいうのもそうなるわけ。

　で、その政党や政治団体に関してどういう行為が制限の対象になっているかというと、結成そのものに関与すること、その団体の役員になること、その団体の構成員、つまり党員や会員になるように勧誘すること、反対に、ある団体の構成員にならないように勧誘することも含まれる、こういった行為なのです。ただ、「勧誘」と言っても、たまたま特定の友人を勧誘するようなものは入らない、組織的に多数の人に対して勧誘行為をする、ということだと理解されています。

　この第1の制限行為は、第2のそれと違って、その目的がどうかとか、職員の所属している地方公共団体の区域の中の行為かどうかとかは、問いません。どこであっても、どういうふうにしても、これに該当する限り違法なんだよね。

　第2の制限行為は、特定の政治目的でする特定の政治的行為。ここでいう政治目的というのは、大きく分けて2つあって、1つは、特定の政党や政治団体、特定の内閣、特定の地方公共団体の執行機関、こういったものを支持したり、これに反対したりするという目的です。もう1つは、公の選挙や投票で、特定の人や事件を支持したり、これに反対するという目的です。事件というのは、住民投票などで対象となることがらをいうわけ。要するに、政治的な色彩が濃い目的と言っていいかな。

　次に、特定の政治的行為というのは、5つに分けられていて、原則と

してその行為が職員の所属する地方公共団体の区域内で行われる場合に限られるという点に特色がある。制限はできるだけ少なく、という趣旨なんだろうね。

　その１、選挙運動。投票してくれとか、しないでくれとか、棄権してくれ、という運動をすること。その２、署名運動への積極的関与。組織的に、多数の人や不特定の人に署名するように働きかけることだから、自分で署名することは構わない。積極的に関与するというのは、中心的な役割というと言い過ぎかもしれないけど、単なる援助などは入りません。その３、寄附の募集への関与。この場合は、積極的な関与に限られていないから、援助なども入ってくる。もちろん、これに応じて寄附金を出すこと自体は募集に関与したとは言えないだろうな。その４、地方公共団体の庁舎、施設等の利用。これはいろいろな形態が考えられると思うけど、庁舎内にポスターを貼るとか、貼ってもいいよと言うとか、公営住宅にビラを配るとか、庁舎内のパソコン・ネットワークに文書を流すとか、エトセトラ。あ、この場合は地方公共団体の区域外であっても制限されます。区域外にある保養所などの施設もあるし、他の地方公共団体の庁舎等もあるからね。その５、条例で定めるもの。地方公共団体に委ねられているけど、自由権の制限だから、慎重にすべきだろうね。

　ここで注意してもらいたいのは、目的と該当行為とが、セットになって初めて、禁止される政治的行為になる、ということ。だから、政治的目的をもっていなければ、庁舎にポスターを貼るのは、ここでの禁止行為には当てはまらない。そりゃそうでしょ、サークルのポスター貼って、政治的行為だとやられちゃ困るものね。もっとも庁舎管理規則に違反しないようにすることは当然。

　２つのジャンルの政治的行為は理解してもらえたと思うけど、もう１つ、政治的行為に関連する禁止行為というのがある。どういうことかというと、政治的行為の教唆とか幇助とかに該当する行為なんだな。政治的行為をするようにそそのかすとか、あおる、という行為と、政治的行

為をするように、あるいはしないように利益誘導するという行為。これは、職員に限られない、一般の人がしてもいけないこととされているんだよね。あの知事候補の選挙運動をすれば、当選の暁にはいいポストにつけてやるよ、なんていうのは典型的だな。もっともそんなことストレートにいうおバカさんはいないだろうけどね。それで、こういったことを言われて、いやです、と応じなかった人に対して、あいつ言うことを聞かなかったから左遷してやる、というような不利益取扱いを禁止している規定もあります。

　もっとも、これらの政治的行為の制限に違反しても、罰則はありません。国家公務員については、全部についてではないけれど罰則が定められていて、これは地方公務員とは違っているんだな。どうして違うのか、ホントのところよく分かりません。ついでに言うと、公立学校の教育公務員については、国家公務員の政治的行為の制限によることとされているんだけど、罰則は含みません、となっています。

　あと、政治的な行為については、公職選挙法や政治資金規正法での禁止行為があります。公務員の立候補、特定の公務員の選挙運動、地位利用といったことが禁止されているんだよね。

(1) **信用失墜行為の禁止**（33条）
　　職の信用を傷つける行為
　　職全体の不名誉となるような行為
　　　（職務の内外を問わず非行があってはならない）
　　社会通念による判断
　　懲戒処分の対象（刑法犯など法令違反と別個の責任）

(2) **守秘義務**（34条）
　　秘密を漏らしてはならない・退職後も同様
　　職務上知り得た秘密　職務上の所管に属する秘密
　　　　　　　　　　　　職務執行上知り得た秘密
　　　秘密＝実質秘＝実質的に保護を要する非公知の事実
　　違反→罰則／懲戒処分

(3) **職務上の秘密（職務上の所管に属する秘密）の公表**
　　他の法益による要請　訴訟、国政調査、百条調査など
　　任命権者の許可（許可権と公益との調整　法律の定め）
　　　退職者についてはその職または相当の職に係る任命権者

(4) **政治的行為の制限**（36条）
　　理由・行政の公正な運営の確保
　　　　・職員の政治的影響力からの保護
　　制限される政治的行為
　　　　・政党等結成関与行為
　　　　・特定の政治目的を持つ特定の政治的行為（区域の問題）
　　関連禁止行為＝あおり、そそのかし、利益誘導の禁止
　　罰則なし・違法行為に応じなかった場合の不利益取扱禁止
　　その他公職選挙法等による制限

**問1** 職員の義務に関する次の記述のうち、誤りはどれか。

1 職員が、職務上知り得た秘密に属する事項を、証人や鑑定人となって発表する場合には、任命権者の許可を必要とする。任命権者は、このような場合の許可を原則として拒むことができない。
2 職員が、退職後に、証人となって在職中に知った職務上の秘密に属する事項を公表する場合には、その者に係る任命権者は存在しないから、任命権者の許可を必要としない。
3 収賄罪などのように、公務員としての身分を前提にした刑法上の罪を犯した場合は、刑罰が科されるほかに、信用失墜行為禁止違反の公務員法上の責任を問うこともできる。
4 住民投票において、その投票内容について支持し、又はこれに反対する目的をもって、投票をするように、又はしないように勧誘運動をすることは、法律上制限される政治的行為に該当する。
5 政治的行為の制限は、行政の公正な運営を確保するとともに職員の利益を保護することを目的とするものであるという趣旨において解釈され、及び運用されなければならない。

**問2** 職員の義務に関する次の記述のうち、正しいものはどれか。

1 憲法により職員に保障される政治的活動の自由は、原則として、その所属する地方公共団体の区域外に限られる。
2 職員が、地方公務員法で禁止される政治的行為を行った場合には、刑罰が科される。
3 職員は、特定の内閣を支持することを目的として、その所属する地方公共団体の区域内において、署名運動を企画し、実施してはならない、とされている。
4 職員の所属する自治体の区域外にあるその自治体の保養所で、

政治目的のポスターを貼っても、政治的行為の制限には該当しない。
5　特別職にある者が、政治的行為をするよう職員をそそのかす行為は禁止されていない。

《指針》　問1の2つは守秘義務と公表の問題。任命権者の許可が必要だけれど、法律に特別の規定がない限り、その許可を拒否することはできない。これは退職者であっても同じで、その場合の許可は、「退職した職又はこれに相当する職に係る任命権者」がすることになっているんだよね。次の信用失墜行為の禁止は、ある行為を公務員秩序の観点から法的に判断する趣旨であって、反社会的な行為に対する刑法面からの判断とは別個のものだということに注意。あとの2つは政治的行為の制限。制限される政治的行為に、投票勧誘行為があるけれど、選挙でない住民投票もこれに該当するんだよね。で、目的と行為の両方が該当するから、制限対象行為になる。政治的行為の制限の目的は記述どおりで、基本的人権・自由の制限だから、こういった解釈規定が置かれているんだよね。

　政治的行為の制限は、政治的目的をもった政治的行為という2つの要件を押さえておくことだね。問2は、その政治的行為の制限についての基本的な問題。国民には政治的活動の自由が保障されているけれど、職員にはその地方公共団体の区域外しか保障されない、というわけじゃない。区域内でも地公法に定める政治的行為以外は自由なんだよね。で、その制限される政治的行為をしたら、服務紀律違反だけど、罰則はない。3は、目的・行為という2つの要件に該当し、かつ、区域内だから、当然に制限行為に該当するよね。4は区域外でも制限される行為だから、誤り。あおり、そそのかしは、「何人も」してはならない、とされているから、特別職であっても禁止されている行為なんだよね。

《参照条文》34条、36条、4条
《正解》問1＝2、問2＝3

## 第3章　職員の義務

### 第13回　●身分上の義務(2)
労働基本権の制限／争議行為等の禁止／違反に対する責任／営利企業等の従事制限

　ええと、古川柳にはいろいろと面白いのがあってね、この教室で出すのはちょっと場違いかもしれないけど、こんなのもあるんだよね。
「女房のすねたハ足に縄をない」
亭主が朝帰りしたのか、浅草の観音様参りを口実にその裏の吉原へ行ったのか、それとも単なる夫婦喧嘩か、何かにすねた若い女房が、寝室は別にしましょ、なんて優雅なことは言っていられない一部屋住まいで、夜はダメヨ、と意思表示をしている、という状況なんだろうね。要するに、女房の夜のストライキ。若い亭主の方はどんな顔していたのかな。

**◆労働基本権の制限**

　ストライキなんていう言葉もこのごろではちょっと色褪せてしまった感じがあるけれど、一昔前にはよくやられていたんだよね。女房のストと違って、労働者の場合は生活がかかっているから大変なんだな。
　もちろん、労働基本権というのは勤労者に認められている権利で、団結して団体交渉をすることができるというわけだよね。この中には争議権も含まれていて、争議行為、つまりストライキやサボタージュもいいって憲法は言っているわけ。つまり、公務員も含めて、勤労者あるいは労働者——どっちがどうということないんだけど——は、団結権・団体交渉権・争議権という労働三権が保障されているんだよね。だけど、公務員はこの3つのうち争議権が制限されていて、争議行為は全面的に一律に禁止されているのであります。「全面的に」ということは、どんな場合であっても、という意味で、「一律に」っていうのはどんな職種であっても、ということだろうね。
　でもどうして公務員だけそんな制限を受けるわけ？っていう疑問が当

然でるでしょ。ここで出てくるのが、そう、もう分かってるね、全体の奉仕者だ、という論理。公務員のそういう地位の特殊性と職務の公共性から、労働基本権を制限しても憲法に反しない、というわけ。これには、前にも言ったとおり、一律に制限するのはおかしい、という学説があるんだけど、判例は一貫して、必要かつやむをえない限度の制限を加えることには十分な合理性があり、合憲だと言っています。少し古いけど全農林警職法違反事件（最高裁昭48．4．25）、岩手県教職員組合事件（最高裁昭51．5．21）、全逓名古屋中郵事件（最高裁昭52．5．4）といった判決が有名だから、事件名だけでもちょっと頭の隅に入れておいてほしいんだな。

　公務員は、基本的には国民全体に奉仕する者であって、その地位は国民の意思に基づいている、ということは前にも見たとおり。だから、職員の争議行為というのは、使用者である住民に対する実力行使だということになるわけ。実際には任命権者に対してするように見えるけど、そうじゃないんだ、というのが、法律的なタテマエなんだよね。争議行為などを認めると公務に支障を生じ、それは勤労者を含めた住民全体の共同利益に重大な影響を及ぼしたり、及ぼすおそれがある、というわけ。もっとも、最近の規制改革・公務員制度改革の一環として、公務員の身分保障とこの労働基本権の制限とを見直そうという意見が強くなっていたのはご存じのとおり。今これがどうなっているのか分からないけどね。

## ◆争議行為等の禁止

　労働基本権の制限の問題はまた改めて取り上げる予定だから、ここでは職員の義務として少し具体的な内容を見ておきます。

　職員に禁止される行為としては、まず、「争議行為」がある。これは、業務の正常な運営を阻害する行為だと言われているんだけど、「同盟罷業、怠業その他の争議行為」と規定されているんだよね。同盟罷業というのがいわゆるストライキ、みんなで団結して業務をしないようにすること。難しい言葉でいうと「労働者が組織的に労働力の供給の停止を行

う行為」なんだな。怠業というのはサボタージュというやつで、執務能力を低下させるようにして業務の運営を阻害するというもの。別の言い方をすると、「職場を占拠したまま意識的に業務の遂行を阻害する行為」というわけ。ストライキは英語から来ていて、サボタージュはフランス語から来ているんだけど、どうしてこの両方が日本語に定着したのかは知りません。

　もう1つ、「怠業的行為」というのがある。これは執務能力を低下させることで、争議行為つまりサボタージュには至らない程度のことを意味している、というわけ。地公法では「地方公共団体の機関の活動能率を低下させる」と規定しています。

　ある行為がこの2つのうちのどちらに該当するかは規定の上からは問題だけど、どちらにしても執務の運営が妨げられるわけだし、禁止されているものでもあるわけだから、区別する実益はないと言っていいと思う。これらの制限に違反する行為としては、ストライキやサボタージュのほか、年次有給休暇闘争、勤務時間内職場大会の開催、超勤拒否闘争などがあげられています。いわゆる「順法闘争」なんていうのも、業務の正常な運営を阻害する違法行為だと言われているんだよね。順法が違法だなんていうのは皮肉だけどね。

### ◆違反に対する責任

　じゃ、この禁止に違反したらどうなるか、ストライキなんかの争議行為をしたら刑罰が科されるのか、というのが次の問題になるわけ。つまり、争議行為などをしてはならないという義務に対する責任はどういうことになるか、という問題。

　まず、違反に罰則がかかるかというと、争議行為そのものには刑罰は科されません。ということは、刑罰が科されるものもあるわけ。それは、争議行為などを企てる、争議行為などを遂行することを共謀する、そそのかす、あおる、という行為で、これは職員に限りません。だれであろうと、そういう周辺というか中心というか、その行為をすれば、3年以

下の懲役あるいは10万円以下の罰金ということになる。これは要するに、争議行為の中心的な役割を果たす者に対して刑罰をもって臨む、という意味であって、計画された争議行為に参加した個々の勤労者に刑罰を科すことはしません、という意味なんだな。ここで注意してもらいたいのは、企画・共謀・そそのかし・あおりといった行為によって実際に争議行為などが行われたかどうかは別問題で、こういった行為が行われただけで刑罰が科される、ということ。そういう構成要件になっているのです。

　次に、かといって争議行為などをした職員はまったくお咎めなしかというと、そういうわけじゃない。まったく責任を免れるということにはならないんだな。どういうことかというと、争議行為などの禁止は、職員の身分に伴う義務だから、これに反した行為をするのは義務違反になる、つまり懲戒処分の対象になるということなんだな。このことは、違法行為を開始した時から、その職員は法令の規定によって保障されている任命上・雇用上の権利をもって対抗することができない、という規定で明らかにされています。つまり、職員は通常は身分が保障されているんだけど、争議行為などの開始とともにその保障は剥奪されますよ、という意味になるわけ。

　もう1つ、争議行為などによって、さまざまな損害が発生することがあるわけだけど、その損害に対しては民事上の責任も負わなければなりませんよ、というのがあります。その損害を賠償しなければならないということ。適法な行為によって損害が発生した場合には、賠償責任を免除されることがあるんだけど、職員の争議行為などは違法行為なのだからそうはいきません、というんだよね。

### ◆営利企業への従事等制限

　次の、そして最後の身分上の義務は、営利企業への従事等の制限です。これは営利を目的とする行為から職員を隔離しようとするもので、勤務時間外であってもそういった仕事に従事してはならない、というわけ。

この義務が定められているのは、1つには職務専念義務の遂行に支障を来すおそれがあるということ、もう1つには、職務の公正な執行を妨げるおそれがあるということ、この2つが理由に挙げられます。さらに言えば職員の品位の保持もあるかな。そりゃ誰だって、営利目的の仕事についていれば、その仕事を優先することにもなるだろうし、公務の上でその仕事に有利なように取り計らうことだって考えられるよね。もちろん、そんなことは絶対ない、という公正無比な人がいるかもしれないけれど、そういう稀な人を基準に法律はできていないのであります。

　で、どのようなことが禁止されているかというと、第1に、営利団体の役員になること。この営利団体というのは、営利企業を営むことを目的とする団体のことで、営利企業というのは、商業、工業又は金融業その他営利を目的とする私企業のことをいいます。だから営利団体は、株式会社などの会社が一般的です。要するに儲けを追求する人の集まり・組織というわけ。その役員というのには、取締役、監査役などが当たるだろうね。そのほか、人事委員会規則で定める地位も付け加えられます。役員と同等に見られるものはだいたいこれで規定されることになるはず。もっとも人事委員会がない場合には、その地方公共団体の規則で定めることになっています。

　第2は、自ら営利企業を営むこと。これは自分が中心になって、あるいは自分1人で、儲け仕事をする組織を作ることというわけ。どんな業種かは問いません。

　第3、報酬を得て何らかの事業・事務に従事すること。これは範囲が広いんだよね。営利企業の社員になることは、第1の範疇には入らないけど、この第3の範疇には入ることになる。また、事業・事務というから、いろいろな人間の活動が入ってくるわけで、営利を目的にしないようなものも含まれます。NPO、NGOや、農協とか森林組合とか消費生活協同組合といった事業体も対象になるわけだよね。それから、従事するのは勤務時間外であろうがなかろうが関係ないことになります。

ここでいう報酬とは、労働の対価として払われる一切の給付だとされています。給料は当然入るけど、それだけでなく現物給付なども入るし、何らかの利益を与えるというようなことも入ることになる。反対に、労働の対価性は必要だから、講演料や原稿料、印税、車代、謝金といったものは入ってこないというわけ。これらは謝礼的なものであって、労働の対価として支払われるものではないと考えられているんだよね。もっとも、国家公務員の公務員倫理規程では、利害関係者からの依頼を受けて報酬を受けて講演、研修指導、著述などをする場合には倫理監督官の承認を必要とするとされているし、一定のポスト以上の場合はその報酬などを贈与等報告書に記載して報告しなければならない、といった規制があります。ここでいう報酬というのは巾広いものだから、講演料や原稿料なども入ることになる。つまり、いろいろと規制はかかっている、ということ。

　ただ、こういった3つの範疇の禁止行為は、全面的に禁止されているわけではなくて、一定の場合には従事してもいいことになっているんだよね。この禁止を解除できるのが、任命権者の許可だというわけ。どんな場合に許可できるかというと、一般的には、職務遂行の能率が低下しないか、職務の公正が妨げられないか、職務の品性を損ねないか、といった観点から問題がないと客観的に考えられる場合とされています。要するに従事制限の趣旨から考えて問題がないかということだよね。この許可基準は、人事委員会の規則で定めることになっているけど、一般的な基準で、この義務の趣旨を考慮したものになるだろうね。だから具体的には、個々の状況に応じて判断することになる。もちろん、この許可があっても、公務の方の職務専念義務が免除されるわけじゃない、勤務時間に食い込むような場合には、その免除も受けなければならないことは当然。あと、教育公務員については、本務遂行に支障がないと任命権者が認めれば、教育に関する職や事業・事務に従事することができる、という特例があって、この場合は給与を受けてもいいんだよね。

**身分上の義務**（続き）

**⑤ 争議行為等の禁止**（37条）

　労働基本権（＝団結権・団体交渉権・争議権）の制限
　　争議行為の全面的・一律の禁止
　　全体の奉仕者を根拠　判例の合憲説
　職員の禁止行為
　　同盟罷業、怠業その他の争議行為
　　怠業的行為
　　違反＝罰則なし
　　　　　懲戒処分の対象（任命上・雇用上の権利で対抗不可）
　　　　　民事上の損害賠償責任
　全ての人についての禁止行為（罰則あり―61条4号）
　　違法行為の企て・共謀・そそのかし・あおり
　　　（争議行為等の実行があったかどうかは問わない）

**⑥ 営利企業への従事等の制限**（38条：特例＝教特法17条）

　趣旨・職務専念義務の遂行に支障を生じるおそれ
　　　　・職務の公正な執行を妨げるおそれ
　禁止行為
　　営利団体の役員等になること
　　自ら営利企業を営むこと
　　報酬を得て事業・事務に従事すること
　　　　報酬＝労働の対価として払われるいっさいの給付
　　任命権者の従事許可　―　人事委員会の基準
　　　　　　職務遂行の能率・職務の公正・職務の品性など
　　　　　　職務専念義務の免除にはならない

**問1** 職員の義務に関する次の記述のうち、正しいものはどれか。

1 職員がストライキを行うことは禁止されているが、その計画に参画する行為は禁止されていない。
2 サボタージュを計画した職員は、サボタージュが実行されない限り、刑罰を受けることはない。
3 職員が争議行為を行った場合には、これに対する不利益処分を受けても、法律上認められる身分保障を求めることができない。
4 同盟罷業、怠業その他の争議行為に対しては罰則が規定されているが、怠業的行為に対しては規定されていない。
5 争議行為の遂行を共謀した場合、職員以外の者については罰則が適用されるが、職員については適用されない。

**問2** 職員の義務に関する次の記述のうち、誤りはどれか。

1 休職中の職員が、営利企業に役員として従事する場合であっても、任命権者の許可を要する。
2 職員が寺院の住職として、葬儀、法要等の際に布施等を受けても、報酬とは考えられないから、任命権者の許可を要しない。
3 職員が任命権者の許可を得て営利企業に従事した場合であっても、それによって職務専念義務が免除されるわけではない。
4 職員が講演料、原稿料、印税などを受け取ることについては、任命権者の許可を要しない。
5 職員が、報酬を受けて営利を目的としない団体の役員となることについては、任命権者の許可を要しない。

《指針》 争議行為等の禁止については、労働基本権の制限の考え方、制限される行為とその主体、罰則の有無、行為の法的効果を整理してお

くこと、営利企業への従事等の制限は、その内容を確認することだね。

　問１は争議行為等の禁止の問題。このポイントとしては、禁止されるのは、①争議行為、②怠業的行為、③これらの行為の企画・共謀・そそのかし・あおり、の３つで、①②は職員が対象で、罰則はなし、③は職員に限られなくて、罰則もある、ということさえ押さえておけば大丈夫じゃないかな。だから、ストライキ計画への参画（＝企て）は禁止されるし、企ては争議行為などの実行行為が行われようが行われまいが罰則の適用になる。３は、違反行為をしたら「任命上又は雇用上の権利をもって対抗することができなくなる」という規定の内容だから、これは正しいよね。

　問２は営利企業への従事等の制限。これも比較的基本的な問題だから、混乱しなければ大丈夫だね。ポイントは、営利と報酬と任命権者の許可という３点セットだな。

　営利企業への従事等の制限は、職務専念義務と公務の公正さの確保が目的だから、休職中の職員は関係ないと思われるかも知れないけれど、休職中であろうがなかろうが関係ないんだよね。もちろん、現実に職に就いているわけではないけれど、休職という特別の状態にあっても公務員の身分はあるわけで、公務員秩序には従わなければならない。あ、営利企業の役員を兼ねても役員報酬はもらわない、という場合でも、許可が必要だということに注意。報酬は、労働の対価という性格を持つものと解されているから、住職がもらうお布施や印税とか原稿料などはこれに当たらないという扱いだよね。だから、許可を必要としない。もっとも、公務員倫理規程などで、職務に関係する事業に関連して講演料や原稿料を受ける場合にはあらかじめ許可を取る、といったことが決められているけど、一応ここは地公法の問題だから別だね。任命権者の許可と職務専念義務の免除とは関係なく、許可があっても、免除にならない。

《参照条文》37条、38条

《正解》問１＝３、問２＝５

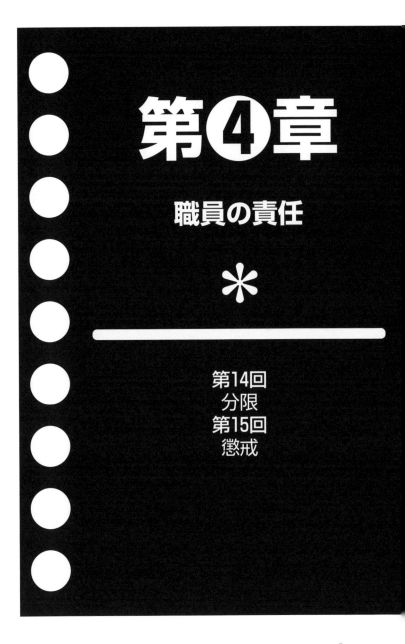

# 第4章

**職員の責任**

第14回 分限
第15回 懲戒

| 第4章　職員の責任 |

| 第14回 | ●分限 |
分限とは／分限処分／身分保障／分限処分の種類／分限事由／手続と効果／特例

　ええと、もともと奉公というのは、武士が主君に仕えることだったんだけど、次第に町人の間にも使われるようになったっていう話をしたよね。で、奉公という言葉はいろいろに使われるようになって、侍奉公は別にしても、年季奉公、出替奉公、でっち奉公、屋敷奉公、遊女奉公、妾奉公などと言われるようになったんだね。町人の間の年季奉公は、商家の番頭、手代、丁稚、職人の弟子、船頭、水主、遊女などだったらしい。元禄のころから年季の期限は契約次第ということになったようだけど、だいたい10年が普通だったという。武士の場合と同じように、奉公人は主人に忠を尽くすべきだとされていて、主人には一種の刑罰権のようなものが認められていたらしいけど、江戸の世でもだんだんそういったことは廃れていったというんだね。ま、タテマエは無限定無定量のご奉公だったんだから、責任というのは大変だったろうね。武士なら腹を切ってお詫びを、なんてことになるんだから。
　「熊谷はゆるした首をまたしよしめ」
　これはちょっと時代も奉公の立場も違うけど、一の谷の合戦で源氏方の熊谷次郎直実は、平敦盛をそれと知らずに格闘の末組み伏せてみると、自分の息子ほどの年の美青年、逃してやろうとするけど、敦盛は首を切れというし、後ろから加勢も来るのでやむを得ず首を取った。武士としての立場に疑問を持った直実は出家する、という平家物語の一節。「しよしめ」は「しょしめ」、せしめる、という意味だね。
　で、今回からは職員の責任の問題。分限と懲戒が定められています。

◆**分限とは**
　で、分限の問題に入るんだけど、このブンゲンというのはあまりなじ

みのない言葉でしょ。分限処分の方は結構使うんだけど、その元の分限は何だろうかというと、よく分からない。もともとは「分を弁える」とかいう意味の、身の程とか分際ということなんだろうね。そこから法律上の地位や資格を言うようになったらしい。だから、ここで使われている意味は、公務員の身分に関する地位とでも言ったらいいのかな。

ところが、地公法を見てもらうと分かるんだけど、分限という言葉はあってもその中身は何も書いていないし、分限処分という言葉もない。ただ、分限は公正にしなさい、という規定はある。公正にする、という以上、これは何らかの行為について言っているということになるわけで、そうすると、ここに言っている分限というのは、分限処分という意味ではないか、という推測が成り立つ。

### ◆分限処分

じゃ、その分限処分というのはどういう意味かというと、言葉の上からは、公務員の身分に関する処分だということになるんだけど、ここではもう少し限定されているんだよね。つまり、公務員の意に反する不利益な身分上の変動だ、ということ。「意に反する」というのは、その公務員の意向とは反対の結果であってもすることになるわけで、同意を必要としないで一方的にする、と言ってもいい。「不利益な」というのは読んで字の如しで、その人にとって利益にはならないということ。何故これが分限処分というものになるかというと、自分がそうしてもらいたい方向で何かが行われる、自分の利益になるようにしたい、というのは、別に問題にはならないでしょ、というわけ。いい方向で動くのは放っておいてもいいわけで、問題にしなければならないのは不利益、それも自分がそうしてほしくないものなんだね。だから、分限処分という言葉が、法律で使われる場合に、こういう限定された意味になっているわけ。ちょっとくどい話になっちゃったけど、いいかな。

### ◆身分保障

そこで、その分限処分と、公務員の身分が保障されているということ

とは、どういう関係にあるの、という疑問が浮かぶでしょ。浮かばなかった人も一応は聞いておいてほしいんだけど、その分限処分というのは何時でも勝手にやっていいよというものではなくて、できる場合が限定されていることに意味があるんだよね。これを分限事由の限定と言っているんだけど、これによって、それ以外の場合には分限処分ができない、つまり身分はその限りで保障されているということになる。もう一つ付け加えると、さっき言ったように、分限処分は公正に行わなければならないとされている。これが分限処分の原則だとされているんだけど、つまり、誰が見ても納得のいくように、誰からもおかしいなと思われることのないようにしなければならない。だから、それだけ身分が保障される結果になるわけ。

この身分保障はどういう趣旨かというと、1つには、安定した公務執行を確保するためだと言われています。身分が保障されるということは、安心して職務に専念することができるわけで、その結果、公務の公正、能率、安定を確保することができる、というわけ。でもそれだけではなくて、もう1つ、意味がある。分限事由があるような場合、これは後で見るように公共の利益のための公務遂行に支障が生じるような場合なんだけど、そのような場合には、公務員として責任をとってもらいましょう、それは不利益処分ですよ、ということ。だから、分限というのは、職員の責任の問題でもあるとされるんだよね。

◆**分限処分の種類**

そこで、分限処分は具体的にはどういうことなのかというと、これは4つあります。

第1が、免職。職を免ずる、つまり辞めさせるということ。もちろん、その職員が辞めたくないのに辞めさせることで、自分から辞表を提出するのとは違う。これは労働者としては厳しい処分だから、労働基準法は、少なくとも30日前に予告しなければならない、としている。

第2は、休職。職そのものは持ち続けるんだけど、職務は行わせない

ということ。要するに休ませる、自分が休みたくないのに休ませるということで、自分から休職にしてくれというのとは違う。

第3、降任。現在占めている職より下位の職の段階に属する職に任命すること。この結果、当然給料は下がってしまうけど、これは降給とは言わない。降任に当然に伴うものだからだよね。

最後に、降給。これは現在支給されている給料よりも低い額の給料を支給するということ。低い額に決定されてしまうのだから、給料が上がるためには昇給しなければならない。

### ◆分限事由

で、このような処分はどのようなときに行われるんだろうか、というのが分限事由の問題です。

まず、この分限事由というのは、法令で定めなければならない、とされている。しかも、免職と降任の事由は地公法で定めなければならない、休職は地公法か条例で、降給は条例で、それぞれ定めなければならない、となっています。これは、分限事由を限定して、やたらに不利益処分がされないようにして、公務員の身分を保障するという趣旨であることは前にも言ったとおり。

具体的にどのような事由なのかというと、まず免職と降任の場合には4つの事由があります。第1に、人事評価又は勤務の状況を示す事実に照らして、勤務実績が良くない場合。第2に、心身の故障のため、職務の遂行に支障がある、あるいは職務の遂行に堪えないという場合。病気などで執務するのが無理だということだね。第3に、その職に必要な適格性を欠く場合。これは考えようによっては非常に幅広いものだけど、その職の職務遂行が無理だということと考えていいでしょう。第4に、職制、定数の改廃あるいは予算の減少によって、職が廃止されたり人員に過剰を生じた場合。これは、たとえば自治体の内部組織に変更があって、ある職がなくなってしまったとか、定数が変更されて、実人員が過多になってしまったとか、予算上の定数や人件費が改定されて、人数が

過剰になったとかいう事態のこと。要するに組織運営上の原因で余剰人員が生じた場合と考えていいでしょう。

　次に、休職の場合は、地公法で定めているのは、心身の故障のため、長期の休養を要する場合と、刑事事件に関し起訴された場合との2つ。病気のために仕事ができない状態でも、暫く休めばよくなるだろうというような場合が前者だし、後者は、犯罪を犯したものとされて公訴を提起された場合ということです。条例ではどうかというと、人事委員会規則の定める事由に該当するときに処分できる、というようなのが多いんじゃないかな。具体的には、たとえば、他の研究施設などで特別に調査研究に従事するとか、災害などで所在不明になったとか、復職したけど欠員がない、といったものが考えられる。

　降給の場合は、条例で定めることになっているから、その自治体によって違うんだけど、実際には条例で定めていない方が多いと思う。そうなると、実際上降給処分はできないということになります。

　で、このような事由に該当したら、必ず分限処分をするのかというと、これは処分権者、つまり任命権者の裁量に委ねられている範囲がかなり広いと言われています。それでも、処分の種類によってその広い狭いは違うと考えられていて、たとえば免職の場合は裁量の幅は狭い。つまり、明らかに勤務実績がよくなくて、誰もが免職せざるを得ないと考えるような状況のときに、免職しないというのは裁量権の範囲を逸脱している、というわけ。反対に、少しくらい──といっても、その程度がまさに問題なんだけど──勤務実績が良くなくても、それで直ちに免職、というのは行き過ぎだろう、ということになる。もちろん、同じ事由であっても、免職にするか降任にするかは、一律に決まるものではないから、その判断も、原則として任命権者に委ねられるわけだけど、これについても合理的な裁量権の行使が要求される、ということになる。休職にしても同じで、起訴されたから直ちに処分にするというわけじゃなくて、それが公の信頼を失墜する危険があるかどうかを考慮して判断する、と言

われています。いずれにしても、公正な判断が要求されるわけ。

◆**手続と効果**

　こういう処分はどのような手続きでするか、その効果はどうなるのか、というのが次の問題になるんだけど、これについては、法律に特別の定めがあるものを除いて、条例で定める、となっているんだよね。法律では、たとえば、処分に際してその事由を説明する書面を交付しなさいという規定があるんだけど、だいたいは条例で定めているはずです。

　条例で定める手続きとしては、辞令書を交付することを求めているのが普通。また、事由の認定に当たっては、客観的事実に基づき、それが明らかな場合でなければならないとしているし、心身の故障であれば、指定医師2名の診断を要するとなっています。効果としては、それぞれの処分内容は明らかだからこれは言うことはありません。休職については、期間を定めてすること、期間は3年を限度とする、期間満了で当然復職するし、その前に休職の事由がなくなったときにも速やかに復職する、というようなことが条例で定められている。

　この分限処分は、道義的な責任を問うものではないから、免職になっても退職手当は支給されるし、共済年金のカットもされません。休職期間中も原則として給料が支払われます。

◆**特例**

　最後に特例についてちょっと付け加えておきます。分限処分の規定が適用にならない場合があるんだけど、思い出してくれたかな。そう、臨時的任用の職員の場合と条件付採用期間中の職員の場合。

　このほか、教育公務員については、若干の特例規定があります。たとえば、大学の教員については、転任も分限処分と同様に扱われていて、評議会の審査の結果によるのでなければ、その意に反して転任されないんだね。その審査には審査事由を記載した説明書を交付する、請求があれば陳述の機会を与える、といった手続きも定められている。降任や免職も同様なんだね。休職での特例もあって、たとえば大学以外の教員に

ついては、結核性疾患のための休職の期間は満2年で、特に必要な場合は3年まで延長できて、その間の給与は全額支給する、という規定がある。それから、児童生徒の指導が適切に行えない県費負担教職員は、一定の手続きを経て、教職員を免職にして、引き続いてその県のそのほかの常勤職員として採用する、つまり職種転換だね、こういう分限の特例制度があります。なお、最近よく話題になる希望降格（降任）は、もちろん法的には可能だけど、「意に反する」ものではないから、分限処分ではありません。念のため。

(1) **分限** 公務員の身分に関する基本的な事柄
　　・職務遂行ができない場合に限りその意に反する不利益処分を受ける＝一定の事由に該当しない限り身分が保障される
　　　　　　← 分限事由の限定、分限処分の公正
　　　　　　→ 安定した公務執行の確保、職員の責任追及
(2) **分限処分**（27条1・2項、28条）
　　・原則　公正の原則・分限事由法定の原則
　　・種類　免職／休職／降任／降給
　　・事由　地公法・条例で定める事由
　　　　免職・降任　人事評価又は勤務の状況を示す事実に照らして、勤務実績がよくない場合
　　　　　　　　　　心身の故障のため職務の遂行に支障がある、又は職務の遂行に堪えない場合
　　　　　　　　　　その職に必要な適格性を欠く場合
　　　　　　　　　　職制、定数の改廃、予算の減少による職の廃止又は人員の過剰
　　　　休職　　　　心身の故障のため長期の休養を要する場合
　　　　　　　　　　刑事事件に関し起訴された場合
　　　　　　　　　　条例で定める場合
　　　　降給　　　　条例で定める場合
　　　　合理的な裁量権の行使・公正な判断
　　・手続　処分事由の説明書面の交付その他条例の定め
　　・効果　処分内容に応じた効果（休職は期間3年限度など）
　　　　　　道義的責任の追及ではない（退職手当、年金カットなし）
(3) **分限の特例**　不適用＝臨時的任用・条件付採用（29条の2）
　　　　　　　　　教育公務員特例法・地教行法による特例

**問1** 分限処分に関する次の記述のうち、正しいものはどれか。

1 分限処分は、職員の服務規律違反に対する責任を追及するための処分である。
2 分限処分で休職に付された場合には、いかなる給与も支給されない。
3 心身の故障のため、職務の遂行に支障があり、又はこれに堪えない場合には、休職処分をすることができる。
4 分限処分としての降給処分は、給与額を現在よりも低い額に決定することであり、昇給がない限り元の額に戻ることはない。
5 刑事事件に関して起訴された場合には、必ず休職処分にしなければならない。

**問2** 分限処分に関する次の記述のうち、誤りはどれか。

1 職員の勤務実績が良くない場合に、その意に反して、降任するか免職するかは、任命権者の判断に委ねられる。
2 分限処分としての免職の事由には、職制や定数の改廃によって職が廃止された場合も含まれる。
3 休職は一定の期間を指定して処分を行うが、その期間が満了した時には当然に復職することになる。
4 分限処分としての降給処分は、職務上の義務に違反した場合及び条例で定める場合に行うことができる。
5 分限処分は任命権者の自由裁量行為ではあるが、公正に行わなければならないので、その裁量については合理的な理由の存在や社会通念上相当であることなどの制限があると解される。

《指針》 分限については、その意味と、処分の種類と事由を整理して

おくことが必要だね。分限そのものの問題はそれほどむずかしくないけど、次回取り上げる懲戒と一緒になると、混乱しやすいので注意だね。順番に見ていくと、問1の1、分限処分は、職員が職務遂行を十分に行えない場合にその意に反してする不利益処分、ということだから、服務紀律違反の責任を問うものではない。紀律違反は懲戒処分だよね。2、分限処分としての休職は、懲戒処分の停職とちがって、給与が支給される場合がある。制裁じゃないからね。3、職務遂行ができないと判断されるなら、免職にせざるをえないよね。休職にしたから回復する見込みが出るというものではない。4、降給処分は、現在よりも低い給料額にする処分、つまり給料そのものの変更だから、昇給しない限り元にもどらないんだよね。5、起訴というのは、犯罪行為があったものとして、公訴を提起されることだけど、起訴されたから必ず休職にしなければならないものではないんだよね。職務遂行との関係などを見ながら、任命権者がどうするかを決めるものだ、と解されている。

　問2も同じような問題だから、順番に見ていくと、1は結局分限処分は任命権者の自由裁量行為だということなんだよね。勤務実績が良くないなど4つの事由のいずれかに該当したときに、降任するか免職にするかは、その状況に応じて任命権者が判断するということ。2、降任・免職の4つの事由のうちの4番目。実際にはなかなかこの事由に該当するケースは少ないと思うけど。3、休職は無期限というわけにはいかないよね。そうなったら免職みたいなものになっちゃう。期間は3年限度というのが普通なんだね。で、その指定期間が経過すると当然に終了する。ただし、その事由が期間の途中で消滅したときには、終了したものとして復職を命ずる、ということになる。4、降給処分事由は、条例で定める。5、自由裁量だといっても、全く自由にできるわけじゃなくて、合理的な範囲内という要請は当然あるんだよね。

《参照条文》27条1・2項、28条1～3項
《正解》問1＝4、問2＝4

| 第4章 | 職員の責任 |
|---|---|

| 第15回 | ●懲戒<br>懲戒とは／懲戒と分限／懲戒処分の原則／懲戒事由／懲戒の種類と効果／懲戒の手続／懲戒の対象／刑事責任と民事責任 |
|---|---|

　ええと、これはよく知られている川柳だよね。
「役人の子ハにぎにぎを能<ruby>覚<rt>よくおぼえ</rt></ruby>」
　ま、昔から袖の下というのは有効かつ一般的だったんだろうね。しかも、せんだんは双葉より芳しで、お役人の子どもはもうその才能がみえるっていうんだね。だからこんなのもある。
「役人の<ruby>ほねっぽい<rt>骨っぽい</rt></ruby>のハ<ruby>猪牙<rt>ちょき</rt></ruby>に乗せ」
　どうもあの役人は固くていけない、ああだこうだとうるさくてこちらの便宜など計ってくれそうもない、ああ骨っぽいのはなんとかしなくちゃ、てんで吉原へ連れていってしまう、要するに骨抜きにしてしまおうっていう話なんだな。吉原とか深川とかに行くには、柳橋のあたりから猪牙舟という小さいけど早い船に乗るのが多かったようで、言ってみれば水上ハイヤーかな、普通は単にチョキと言ったらしい。
　で、猪牙にゆられて、いい思いをして、それでどうなるかというと、これは立派な賄賂になるわけだから、幕府はどうしたのか知らないけど、平成の御時世では、刑罰はかかるわ、懲戒免職にはなるわ、と大変なことになるのは御存知のとおり。

◆懲戒とは
　じゃ、懲戒というのはどういうことなのかというと、文字のうえでは読んでのとおり「こらしめ、いましめる」ことなんだけど、なぜそうするかというと、守るべき義務を守らないから、というわけ。その義務というのは組織と仕事という観点からのもので、その義務に違反したら、つまり、組織の規律や公務遂行の秩序に違反したら、その人を任命権者が処分する、というのが懲戒制度なんだね。

でも、前回にやった分限処分というのも、公務の能率の維持を目的とする、というものだったでしょ、言葉はちょっと違うけど基本的には同じ意味だと思うけど、いったいどういう違いがあるのっていう疑問が出てくるかな。一人二役をやるのはなんとなく滑稽だけど、ま、そういう疑問は当然あるんだよね。いわば分限と懲戒との関係いかん、もっと具体的な問題として考えれば、分限処分と懲戒処分は同じ行為に対して両方できるのか、いずれか一方しかできないのか、それとも全く関係ないものなのか、という問題にもなる。

◆**懲戒と分限**
　そこで懲戒と分限との関係を考えてみると、分限というのは身分保障であって、安定した公務執行の確保が目的だということだったよね。だから、分限処分の事由も、基本的にはその人の責任を追及するものではなくて、公務の障害となるかどうかという観点が中心だったでしょ。
　これに対して懲戒というのは、まさにその人の責任を追及するものであるわけ。つまり、一定の義務違反に対する道義的責任を問う処分だということ。言ってみれば、公務の信頼や信用を傷つけるような悪いことをしたらペナルティーを科するというものなんだな。
　だから、懲戒と分限とは別個の観点からする別個の処分だということになるんだけど、実際に、ある行為が、懲戒処分の事由にもなるし、同時に分限処分の事由にも該当するということはあるわけ。たとえば、懲戒処分の事由に職務を怠った場合というのがあるけど、これは同時に勤務実績が良くないという分限処分の事由と重なる部分が大きいよね。こういう場合、どっちの処分をしたらいいんだろうね。
　結論からいうと、それぞれ別の観点からする処分だから、つまり趣旨を異にする制度だから、両方することは可能だ、ということになる。もちろん、両方しなければならないわけじゃないし、懲戒免職処分をした上に分限の免職処分をするのは意味がないということもあるよね。具体的には、その行為の性格などをよく調べて、どうするか、任命権者の裁

量によって決定することにはなる。

◆**懲戒処分の原則**

その懲戒処分についてどういう原則があるかというと、分限処分の場合と同じように、公正に行わなくちゃいけない、という公正の原則があります。それから、懲戒の事由は法律で定めなければならないという法定事由の原則があります。ま、これもほぼ同じだよね。それから平等取扱の原則も適用がある。もっとも、これは公正のなかに平等も含まれていると解釈することも可能だから、公正の原則が中心だと言えるかな。

◆**懲戒事由**

では、どんな事由で懲戒処分を受けるんだろうか、どんな場合に道義的責任を追及されるんだろうかというのが次の問題になるわけ。

これは地方公務員法で規定されているわけだけれど、第1に、地方公務員法、その特例を定めている法律、これらの法律に基づく条例、規則、規程に違反した場合。簡単に言えば法令違反ということだけど、地方公務員の身分関係の法令の違反だというところに意味があるわけ。

地方公務員法に違反するというのは、主に職員の服務について定めている規定があるでしょ、たとえば職務専念義務だとか守秘義務だとか、職員の義務のところでいろいろ見てきたよね、これに違反する、というのが中心だね。それから、地方公務員法の特例を定めている法律というのは、地公法57条で教職員などについての特例が別の法律に委ねられているんだけど、たとえば教育公務員特例法や地方教育行政の組織及び運営に関する法律などがあって、これに違反するという場合が含まれる。さらに、この地公法と特例法に基づいて地方公共団体の法規が定められているんだけど、そういった自治立法に違反する場合も含まれます。これには、条例、首長の定める規則、委員会などの機関が定める規則・規程、みんな入るわけ。こういった、地方公務員関係の法令に違反するということが第1の事由だということだよね。

次、第2に、職務上の義務に違反し、又は職務を怠った場合。これも

広い概念だよね。もっともちょっと仕事をサボッて喫茶店に行ったなんていうのですぐに懲戒になるわけはない（多分）だろうけど。職務上の義務に違反するというのには、地公法違反に該当する場合があるだろうし、職務を怠ったというのは、職務専念義務という義務違反でもあるだろうし、これを定めた地公法違反でもあるだろう、なんていろいろ考えられるから、実際にはある行為がどれに該当するか、というのはちょっと決めが難しいんだよね。

　第3、これもまた広い概念であるわけだけど、全体の奉仕者たるにふさわしくない非行のあった場合。また出ましたね、全体の奉仕者。ま、ここはサラッと行くと、この場合は、非行であること、それが公務員にふさわしくないということ、その2つが必要なんだけど、典型的なのは汚職、職権濫用だろうね。もちろんこれは刑法犯だから刑罰はかかるし、その刑事責任とは別に、公務員としての道義的責任を問われて懲戒処分を受けるということになるわけ。汚職容疑事件を調べていた検事が特別公務員暴行陵虐罪という何となくおそろしい罪名で逮捕されて懲戒免職になったケースがあったけど、この例もこれに当たるね。もっとも、この検事の場合は、懲戒免職にしておいてから逮捕されたんだけど、現職の検事を逮捕するのは潔しとしない、ということなんだろうな。それはともかく、これ以外の場合には、個々に、社会通念に従って非行に当たるかどうかを判断する、ということになるね。そうそう、これはだいたいが信用失墜行為の禁止違反にも該当するだろうね。

　もう1つ付け加えておかなければならないのが、地方公共団体によってどのような措置を採っているか、それによって若干違いが生じてくるけれど、倫理条例や倫理規程に違反したとき。国家公務員の場合は、国家公務員倫理法で、倫理原則が定められていて、1つ、職務上知り得た情報について一部の人だけ有利な取扱いをするなど国民に対して不当な差別的取扱いをしない、常に公正な職務の執行に当たる、2つ、公私の別を明らかにし、職務や地位を私的利益のために用いない、3つ、権限

行使の対象となる者から贈与を受けるなど国民の疑惑や不信を招くような行為をしない、という原則です。国家公務員倫理規程では、職務の利害関係者からの贈与の禁止と制限や、利害関係者との接触の制限などが定められているんだね。こういった倫理についての定めに反すると、懲戒処分の対象になるわけ。地方公務員もこれに右へ倣えしているんだね。

◆**懲戒の種類と効果**

次に、懲戒処分にはどういうものがあるかというと、戒告、減給、停職、免職の4種類となっている。その効果は、というと、法律に特別の定めがあるものを除いて、条例で定める、となっていて、だいたい同じような内容の「職員の懲戒に関する条例」が制定されているんだよね。それによると、次のようになります。

戒告というのは、規律違反の責任を確認し、その将来を戒める、とされているんだけど、要するに、お前は悪いことをした、以後気をつけよ、というもの。しかし、それで終わりというわけにはいかなくて、昇給延伸、勤勉手当算定への影響といった効果が出てくるんだよね。

減給は、一定期間給与の一定割合を減額して支給するというもの。期間は1日から6月、給料の10分の1以下（あるいは5分の1以下など）の額が減額される。そのほか、戒告と同じような影響は当然出てくる。

停職は、一定期間職務に従事させないことだけど、期間は1日から6月の間で、もちろん給料は払われない、期末・勤勉手当もカット、退職手当算定の基礎になる期間の一定分カット、昇給延伸、と厳しいものになるね。

免職は職をやめさせられるものだけど、それだけではなく、退職手当は支払われない、共済年金も一部の支給が制限される、と不利益は大きいね。

このほかに、事実上の懲戒というのが実務上は行われていて、制裁的な実質を伴わないものなら認められている。たとえば、始末書を書かされる、訓告、厳重注意、任意退職、諭旨免職といったものがあるんだよ

ね。これはそれだけで一応終わりということにはなるんだけど、バッテンには違いない。

◆**懲戒の手続**

　手続きも原則として条例で定めることになっています。書面交付を規定しているのが普通だね。法律で特別に定められているものとしては、たとえば、免職については、労働基準法で、一定期間の解雇制限、30日前の解雇予告などが定められている。もっとも懲戒免職については、職員に責任があるから、直ちに免職することについての行政官庁の認定という制度があります。それから、これはみんな不利益処分になるから、処分事由の説明書を交付しなければならないんだな。さらに、懲戒処分には行政不服審査法による不服申立てをすることができることになっている。ただし、これには行政不服審査法の手続きに関する規定の大部分が適用にならないという特別の扱いがあります。

◆**懲戒の対象**

　懲戒処分は、職員を対象としている、と言えば当たり前なんだけど、それでもいろいろ問題はあるんだよね。たとえば、退職した後に、懲戒の事由になるような行為が明るみになって、じゃ処分だ、ということで処分しようと思っても、これはもうその時には職員じゃないんだから無理な話。反対に、休職中や停職中の職員にそれとは別の事由で懲戒処分をすることは可能だろうね。死人を殺せるわけはないけど、病人なら殺せるわけだから。ちょっとたとえが悪いけどね。もちろん、在籍専従の職員も、職務に従事していないだけで職員には変わりがないから、懲戒の対象になることは言うまでもない。

　また、任命権者の要請に応じて他の地方公共団体などの職員となるために退職し、引き続きその職員として在職し、さらに引き続いてもとの職員として採用された場合、つまり出戻りみたいなもんだけど、この場合には退職前の行為について、戻った後、つまり採用後に懲戒処分ができる、という特例があります。定年退職者等が再任された場合も同じよ

うにできるんだね。さらに、退職した後になって退職前に懲戒免職処分に相当する行為をしたことが発覚したような場合に、事情を勘案して、退職手当の返納を命ずることができる、という国家公務員についての制度もあります。特例と言えば特例だけどね。

それから、条件付採用期間中の職員や臨時的任用の職員についても、懲戒することができます。分限は適用がないけど、これは適用されるんだよね。

### ◆刑事責任と民事責任

ここまで職員の責任の問題を見てきたんだけど、それは分限と懲戒とに分けられるわけだね。で、これはどういう分野の責任かというと、身分上の責任であるわけ。つまり公務員という身分に伴う行政法上の責任なんだね。ところが、公務員としての責任はそれだけかというとまだあるんだね。何かっていうと、刑事責任と民事責任。おっと、それは市民としてこの社会に生きていれば皆が負わなければならない責任じゃないの、公務員だからって特別に責任を負うというものじゃないんじゃない、という疑問が出るかもしれないけれど、ちょっと待ってちょうだい。

たしかに、悪いことをすれば刑務所に入れられるし、借りた金を返さなければ訴訟になって強制的に返させられる、これは公務員以外の人でも同じだよね。でも、公務員の場合には、特別な刑事責任があることは御存知のとおり。たとえば収賄罪、職権濫用罪なんかがあるでしょ。場合によっては過失傷害罪でも業務上過失傷害罪になることだってある。つまり、特別な権限をもっているために特別の刑事責任を追及されるということになるわけね。

でも民事上の責任に特別なものはないでしょ、という疑問は相変わらずあるだろうね。もちろん、私生活上の問題は、公務員であろうがなかろうが関係ないよね。だから、問題は、公務員としての行為について民事上の責任を追及される場合があるということになる。どういう場合かっていうと、公権力の行使によって何らかの損害を与えた場合。普通、

ある行為によって他人に損害を与えた場合には、故意・過失があれば損害賠償責任が発生するわけで、これは公務であっても同じなんだけど、まずは国や自治体がその責任を負うことになっているんだね。まあ、仕事の上での事なんだからしかたないでしょ、ということだな。でも、その行為をした公務員に故意や重過失があるときは、賠償責任を果たした国や自治体がその公務員に対してその分を請求することができる、つまり求償することができるとされているんだよね。その限りで、公務員としての行為に民事上の責任が発生する、というわけ。

## まとめ

(1) **懲戒** 職員の義務違反に対する道義的責任を問う任命権者の処分（29条）（違反＝組織の規律・公務遂行の秩序違反）

(2) **懲戒と分限との関係**
別個の観点からする別個の処分（趣旨を異にする制度）
同一行為についてそれぞれの観点から処分することは可能

(3) **原則** 平等取扱いの原則（13条）
　　　　公正の原則（27条1項）
　　　　事由法定主義（27条3項）

(4) **事由**
・地公法（特例法を含む）とこれに基づく条例、規則、規程に違反した場合
・職務上の義務に違反し、又は職務を怠った場合
・全体の奉仕者たるにふさわしくない非行があった場合
・（地方公共団体により）倫理条例・倫理規程に違反した場合
　　　（参照：国家公務員倫理法・国家公務員倫理規程）

(5) **種類**・戒告　規律違反の責任を確認し、その将来を戒める
　　　　・減給　一定期間給与の一定割合を減額して支給する
　　　　・停職　一定期間職務に従事させない（1日～6月）
　　　　・免職　職を免ずる
　　　　　→　給与、年金等への影響
　　　　事実上の懲戒　訓告、厳重注意、口頭注意、諭旨免職等

(6) **手続・効果**
・法律に特別の定めがあるものを除き、条例で定める
・不利益処分事由説明書の交付（49条）／審査請求（49条の2）

(7) **刑事責任と民事責任** 公務遂行上の特別な責任あり

**問1** 職員の懲戒処分に関する次の記述のうち、誤りはどれか。

1 懲戒処分は、職員の道義的責任を追及するものであり、職務規律と公務遂行の秩序を維持することを目的とする。
2 全体の奉仕者たるにふさわしくない非行があった場合には、分限処分ではなく、懲戒処分が行われる。
3 職員が退職した後であっても、在職中の事由を理由に懲戒処分をすることができる。
4 減給の懲戒処分は、一定期間、給与の一定割合を減額するものであって、給与の額を低いものに決定するものではないから、期間が経過すれば元の額に復元する。
5 懲戒に関する規定は、条件付採用期間中や臨時的任用の職員に対しても適用がある。

**問2** 職員の懲戒処分に関する次の記述のうち、正しいものはどれか。

1 職員は、その職務を遂行するに当たって、法令、条例、規則及び規程に従わなければならないが、これに違反した場合には分限処分をすることができる。
2 職員が、心身の故障のため長期の休養を要するとして休職処分を受けている間に汚職事件が発覚したときは、休職期間中であっても懲戒免職処分をすることができる。
3 全体の奉仕者たるにふさわしくない非行があったとして口頭注意処分を受けたときは、行政不服審査法による審査請求をすることができる。
4 職務上の義務に違反し、又は職務を怠ったとして懲戒処分をする場合においては、その程度が分限免職処分事由に該当しない限り、免職にすることはできない。

> 5　法律に定める懲戒処分のほかに、法律の趣旨に反しない限り、条例で、新たに厳重注意などの懲戒処分及びその効果を定めることができる。

《指針》　懲戒処分のポイントは、もちろん、その種類と効果が中心だけど、分限処分との関係も整理しておくことが必要だろうね。
　問1は、比較的基本的な問題。懲戒処分の目的は、1の記述のとおり。2は懲戒処分の事由だよね。ただし、その行為で刑事事件となって起訴された場合には、分限休職処分が行われることはあるけどね。3は前の方の話を思い出してもらって、懲戒は、特別権力関係における処分なんだから、退職してしまったなどその関係にない人に対しては原則としてできない、という考え方。減給処分は、分限の降給処分と違って給与の一部カットだから、期間を経過すれば元に戻るということで、4はそのとおり。5は条件付採用と臨時的任用には、分限は適用にならないけど、懲戒は適用がある。これは間違いやすいけれど、確認ね。
　問2は教室で説明しなかったこともあるけど、ヒントは話してあるはずだから、よく考えてみてほしいんだよね。1は懲戒処分の事由だから分かりやすい。2は懲戒処分と分限処分との関係で、これも説明してあるから分かると思う。これが正しいから、あとは誤りということになるけど、内容は確認してほしい。3は、ちょっと問題だけど、厳重注意処分は内規に基づく事実上の処分であって、直ちに法律上不利益な効果を持つ処分になるものではないから、審査請求はできない、と解釈することになるだろうね。4は、分限とは関係なく、懲戒処分事由に該当する限り、どの処分を行うかは原則として任命権者の裁量になる。5は、法律で定める事由以外に懲戒処分はできない。
《参照条文》27条3項、29条、29条の2、32条
《正解》問1＝3、問2＝2

# 第5章

## 勤務条件

＊

第16回
給与
第17回
勤務時間と休日
第18回
休暇と休業

### 第5章　勤務条件

### 第16回　●給与
給与と給料／給与決定の原則／給与その他の給付／給与条例／給与支給の原則／人事委員会の役割／特例

　ええと、江戸の世の御奉公というのは読んで字のごとしで、忠を尽くすという主従関係にあったんだよね。だからもともと主人と奉公する者とは対等じゃない。奉公契約と言えるものはあったんだけど、勤める立場は弱かった。勤務条件などという言葉はなかったんだと思うよ。丁稚や小僧で奉公に上がると、休みだって年に2回しかない。
「一年に二日は日の目見せる也」
「色白なはず年に二度日に当たり」
大店の奥に入りっぱなしで、正月と7月の藪入りの時しかお日様を拝めないというわけ。丁稚や小僧は、前にもちょっと言った年季奉公なんだけど、技術の習得を目的とする奉公では、給金が支払われないのが普通だったっていう。技術伝授が給金の代わりだという意識だったんだね。ま、勤める方にしても勤めさせる方にしても、勤務条件というのが重大関心事であることは古今東西変わらない。勤務条件としてはまず給与があるし、勤務時間や休暇、休日といったこともあるけれど、まずは給与を見てみましょう、というのが今回のテーマ。

### ◆給与と給料
　まず、給与と給料とはどう違うんだろうね。別に定義がしてあるわけじゃないんだけど、給与というのは、職員、つまり地方公務員という職に就いて仕事をすることに対して支給される対価すべて、と考えていいんだろうね。これに対して給料というのはもう少し狭くて、正規の勤務時間の勤務に対して支給される基本的な対価というわけ。いわば基本給とでも言うのかな。俗に本俸というのもこれだろうね。江戸の奉公で言えば、幕末には、男の給金の相場が年3両だったらしく、その3両とい

う給金が給料に当たる。そのほかに衣食住と各種の雑費が支給されていて、たとえば夏冬の二季に着る物が与えられる、これがお仕着せというやつなんだよね。これをすべてひっくるめて給与ということになるんだな。国家公務員の一般職ではこれを、給与と俸給、と言っているから、国の方の俸給表というのは地方公務員では給料表ということになる。

◆**給与決定の原則**

　普通の労働者というか勤労者と違って、公務員の場合は勤務条件は基本的に法律の定めるところに従うっていうことは何度も見てきたとおり。そうすることによって、職員の身分と勤務条件を保障し、行政を始めとする公務の民主的かつ能率的な運営を保障するということだったよね。ま、勤務条件法定主義とでも言うんだろうね。

　だから、勤務条件の中心である給与も、当然、法令で定めることになるんだけど、では、その定めというのはどういう考え方の上に立って決めるんだろうか。つまり、給与決定の原則はどうなっているか、というのが第1の問題。これは、3つの原則にまとめることができます。

　第1は、職務給の原則。法律では、給与は職員の職務と責任に応ずるものでなければならない、と規定している。つまり、その職務の質と量、それと責任の大きさに応じて賃金を決定しなさいというわけで、ただの勤務年数や年齢で給与を決定するわけじゃないよ、ということになるよね。賃金というのはその労働の対償として支払われるものなのだから、仕事の困難さとか複雑さ、ポストの上下、――ということは責任の軽重に対応するけど――といったことに応じて給与を決めなければならない、という意味だよね。

　第2は、均衡の原則と言われるもの。給与を決定する際に考慮すべき事項として、まず生計費が挙げられているんだけど、これは公務員は労働の対償によって生計を立てていく、つまり自治体のために働き、その対価を受けて生活の資とし、経済生活を維持するということを意味しているわけね。だから、まずは生計費を考慮して給与を決定しなさいとい

うこと。それから、他の労働者の給与などの賃金を考慮しなさい、ということになっている。これはもう少しくわしく言うと、国の公務員の給与、他の地方公共団体の職員の給与、民間事業の従事者の給与、これらを考慮するということ。簡単に言ってしまえば、他の給与水準に見合った給与にしなさいというわけ。だから均衡というわけで、国や民間と均衡するようにという原則なんだな。これは実際には、国に準ずるということになっていて、それは、地方公共団体との対比で見れば、職務が類似していること、財源が国民の租税を主体としていること、職務給の考え方をとっていること、国も民間給与や生計費等を考慮していること、といった点から、合理性があると考えられているんだよね。

　第3が、条例主義の原則。要するに給与は条例で定めるということ。条例で定めていなければ、どんな名目であっても給与の性格を持つものは支給することはできない。金銭であろうが何らかの財産上の利益であろうがだめなものはダメ、というわけ。この場合の条例も、当然に法令の範囲内で定めなければならないものだから、地方公務員法や地方自治法などの規定に従わなければならないよね。条例主義の内容としては、1つはここで見てきたように、給与は条例で定めなければならない、ということがあるけど、もう1つ、給与は条例に基づかなければ支給できない、ということもある。この2番目は次の問題だけどね。

　で、なぜ条例主義か、というのは、職員に対して給与を権利として保障する、ということが1つだね。つまり、条例という法規に基づいて職員は権利を主張できる、ということ。もう1つは、給与決定を住民の意思に基づいて行うことによって公正を確保する、ということ。住民の代表である議会で決定するんだから、そういう意味になるよね。

◆給与その他の給付

　で、そのように定められた給与というのはどういうものがあるんだろうか、というのが次の問題。

　まず、常勤と非常勤で分けて考えると、非常勤の職員に対しては、報

酬を支給する、ということになっています。その場合でも、議員以外に対しては、原則としてその勤務日数に応じて支給することになっている。それから非常勤職員の職務に必要な費用は弁償するということになっている。交通費なんかがこれに当たるだろうね。議員の場合は、普通は給与とほぼ同じ扱いになっていて、期末手当も支給されるんだよね。国会議員は、憲法で「歳費」を支給するということになっているんだけど、実際には給与と同じ扱いをしているんだよね。地方公共団体の議員もこれに準じている、ということなんだな。

　常勤の職員は、給料と手当と旅費が支給されるということになっている。給料はさっき見たから分かるとして、旅費もまあ分かるよね、普通は出張の交通費だね。じゃあ手当というのはどういうものかっていうと、地公法では時間外勤務、夜間勤務、休日勤務の給与というのを規定しているけど、このほかにもう少し詳しい規定が地方自治法にあるんだよね。それによると、扶養手当からはじまって、地域手当、住居手当、初任給調整手当、通勤手当、単身赴任手当、特殊勤務手当、特地勤務手当（これに準ずる手当を含む）、へき地手当（これに準ずる手当を含む）、時間外勤務手当、宿日直手当、管理職員特別勤務手当、夜間勤務手当、休日勤務手当、管理職手当、期末手当、勤勉手当、寒冷地手当、特定任期付職員業績手当、任期付研究員業績手当、義務教育等教員特別手当、定時制通信教育手当、産業教育手当、農林漁業普及指導手当、災害派遣手当（武力攻撃災害等派遣手当、新型インフルエンザ等緊急事態派遣手当を含む）、退職手当と、もう疲れっちゃった。そうそう、実際にはこれと違う名称の場合もあるから注意。

## ◆給与条例

　で、こういう給与に関して定める条例を給与条例と言っているわけだけど、これにはどのようなことを定めるのかというと、まず①給料表を定めなさい、となっている。これは職務給の原則に基づいて、職務と責任に対応した職ごとに給料の額を定めるものなんだけれど、より具体的

には、職員の職務の複雑、困難及び責任の度に基づく等級ごとに明確な給料額の幅を定めていなければならない、とされています。次に②等級別基準職務表も定めなさい、となっていて、これは、給料表の等級別の分類の基準となるべき職務の内容を示したものなんだね。たとえば、3級は係長又は主査の職務、といったことを定める。給料表では、給料の等級と号俸に分けて、基準職務表の職務に対応させるという形が実際で、その号俸に分けることによって、明確な給料額の幅を定めることになるんだろうね。国の俸給表は、行政職、専門行政職、税務職など11種に分かれていて、その中でもさらに分けられているものもある。行政職俸給表のうち（一）の表では職務が10級に分けられ、それぞれの級について多いものでは百数十もの号俸が定められている。なお、これらによって決まってくる等級別の職名ごとの職員数は、毎年、任命権者から地方公共団体の長に報告され、長がこれを公表することになっているんだよね。

　このほかに定めることとされているのが、③昇給の基準に関する事項、④時間外勤務手当、夜間勤務手当、休日勤務手当に関する事項、⑤地方自治法に掲げる手当を支給する場合のこれらの手当に関する事項、⑥非常勤職員など勤務条件が特別な職についての給与調整に関する事項、⑦給与の支給方法、支給条件に関する事項、です。

**◆給与支給の原則**

　こういった給与をどのように支給するか、というのが3番目の問題。第1に、給与条例に基づいて支給するという条例主義の原則。これはもう何度も見たから分かるよね。

　第2が給与支払いの三原則で、通貨で、職員に直接に、全額を支払えというもの。何かの現物であったり、小切手や約束手形なんかでもいけない、誰か他の人に渡してもいけない、分割もいけない、というわけで、これは労働基準法でも労働者の保護を目的として規定されているものなんだね。そのほかに、毎月1回以上、定期に支払え、という規定も労基法にはある。金融機関への振込は、直接払いに反しないか、という問題

もあるけど、これは本人の同意を条件に本人の口座に振り込むんだからいいじゃない、ということになっています。

　第3に、兼職の場合、兼ねている職については給与は支給されない。要するにダブル払いはないよということで、まあこれは常識的だろうね。ただ、一般職の職員が特別職を兼務することが認められているときに、その特別職についての報酬などが支給されることはありえます。

### ◆人事委員会の役割

　最後に、このようにいろいろな原則の上に立って定められる給料表については、非常に専門的でもあり、かつ、職員に直接の影響を持つ大切なものだから、中立的な機関である人事委員会が中心的な役割を果たしなさい、ということになっているんだよね。どういうことかというと、給料表が適当であるかどうか、毎年少なくとも1回は、議会と首長に報告すること。また、その増減をすることが適当だと認めるときは、併せてその改定を勧告すること。つまり、人事委員会には、常に給料表が適当かどうかを検討して、必要な報告と勧告をするということが義務付けられているというわけだよね。

### ◆特例

　こういった給与に関する原則についても、職種によってちょっと違う扱いをするということはあるんだよね。たとえば、教育公務員では、公立義務教育諸学校の教育職員には教職調整額が支給されるけど時間外勤務手当と休日勤務手当は支給されないし、教育に関する兼職や教育に関する他の事務に従事することが認められていて、といっても、本務の遂行に支障がないと任命権者が認める場合に限られるけど、その場合にはその給与を受けることも可能なんだね。それから、企業職員の給与は、給料と手当とされていて、それは職務の内容と責任に応ずるもので、能率が充分に考慮されなければならない、となっているし、条例では、給与の種類と基準を定めることになっているんだね。特定地方独立行政法人の職員もほぼ同じだね。

(1) 給与＝職に就いて役務を提供することに対して支給される対価
　　給料＝正規の勤務時間の勤務に対して支給される基本的な対価

(2) **給与決定の原則**
　・職務給の原則（24条1項）　職務と責任に応ずる給与
　・均衡の原則（24条2項）
　　　生計費、国・他の地方公共団体・民間の給与、その他の事情を考慮（実際には国に準ずる）
　・条例主義の原則（24条5項、自治法204条3項・204条の2）
　　　給与条例（25条3項）に定める事項
　　　　①給料表
　　　　②等級別基準職務表
　　　　③昇給基準
　　　　④時間外勤務手当等に関する事項
　　　　⑤自治法204条2項に掲げる手当に関する事項
　　　　⑥非常勤等勤務条件の特殊な職についての調整
　　　　　　非常勤に対する報酬・費用弁償（自治法203条）
　　　　⑦その他給与の支給方法・支給条件

(3) **給与支給の原則**
　・条例主義（25条1項）
　・支払いの三原則　通貨・直接・全額（25条2項）
　・兼職についての給与不支給（24条3項）

(4) **人事委員会**
　・給料表が適当かどうかの報告（毎年少なくとも1回）
　・給料表の額の増減を適当と認める時の改定の勧告（26条）

**問1** 職員の給与に関する次の記述のうち、正しいものはどれか。

1 職員の給与は、その職務の在職年数に従って決定される。
2 職員の給与は、生計費並びに国及び他の地方公共団体の職員並びに民間事業の従事者の給与その他の事情を考慮して定められなければならない。
3 職員の給与は、条例に基づいて支払わなければならないが、特別の手当については規則によって支給することができる。
4 給与条例には、給料表のほか、出退勤途上の負傷に対する必要な療養の費用の負担に関する事項も定めるものとされる。
5 人事委員会は、給料表が適当であると認める間は何年でも、これについて議会及び長に報告及び勧告をする必要はない。

**問2** 職員の給与に関する次の記述のうち、正しいものはどれか。

1 職員に支給する給料以外の手当も、職員表彰に際して支給する記念品も、ともに給与その他の給付に該当するので、条例に規定がない限り支給できない。
2 地方公営企業に所属する企業職員については、給与の種類及び基準を条例で定めなければならないが、単純労務職員についてはこれを規則で定めることとされる。
3 給与の支払いについては、通貨・直接・全額の3原則があるので、財政上の事情から給与を分割払いにする特例を設ける条例も違法となる。
4 一般職の職員は、他の一般職の職を兼ねてもその職についての給与を受けられないが、特別職を兼ねる場合にはこれについての給与を受けることができると解されている。
5 教育公務員は、本務の遂行に支障がないと任命権者が認める場

合には、他のどんな職でも兼ねることができ、その給与の支給を受けることができる。

《指針》　給与決定の原則と手続き、給与支払いの原則がポイントで、問1の1はその問題だね。給与は、職務給の原則だから、在職年数で決まるものではない。2は条文そのままで、均衡の原則。給与には、手当も含まれるから、また、地公法と自治法の原則からすれば、当然に規則ではだめということになるね。給与条例に定める事項は7項目あるけれど、公務災害補償は給与ではない。人事委員会は給料表が適当かどうかについて、毎年少なくとも1回報告しなければならない。もっとも、勧告は必要なときだけどね。

　問2はやや面倒かな。給与条例主義は、給与やこれに類するものが条例に根拠を置かなければならないという意味だから、手当は当然入るけれど、記念品はいかに有価物であってもこれには当てはまらないよね。単純労務職員については、教室では触れなかったけれど、地方公営企業法38条4項により、企業職員の給与の種類及び基準は条例で定めることになっているよね。じゃ、単純労務職員は、というと、地方公営企業等労働関係法附則5項によって、地方公営企業法38条が準用されて、結局同じになるんだね。給与支払いの3原則と条例の特例分割払いとの関係は、支給方法・条件は条例に委ねられているから、その給与全額が支払われれば条例で分割支払いの特例を定めることも可能と考えられている。重複給与の禁止は、職員の職を兼ねる場合となっているので、職員つまり一般職でなくて、特別職の職を兼ねたら、場合によっては報酬などを支給できる、と解されているんだよね。たとえば、勤務時間外に消防団で出て手当を受けるといったこと。教育公務員の場合は、教育に関する職に限るけど、給与を受けて兼職することは可能なんだね。

《参照条文》24条・25条、教特法17条
《正解》問1＝2、問2＝4

| 第5章 | 勤務条件 |

## 第17回 ●勤務時間と休日
勤務条件の原則／国家公務員との違い／勤務時間／休憩時間／勤務時間の例外／休日／国家公務員の場合

ええと、藪入りの句をもう一つ。
「藪入はたった三日が口につき」
藪入りというのは奉公人の休日だったわけだけど、それは正月と7月の2回で、それぞれ3日だったという。年に2回しかないんだから、待ち遠しかったろうし、来たと思ったらたった3日であっと言う間に終わってしまう。また朝から晩まで恐い番頭さんに叱られる毎日が始まる……だから、藪入りで実家に帰るときは、今生の別れみたいな気持ちで主人にあいさつすることになっちゃう。水さかずきを交わしてしまいたい気持ちなんだろうね。
「藪入に旅立つほどのいとまごい」

### ◆勤務条件の原則
　これに引きかえ、現代の公務員の勤務関係では年2回の休みなんていうことはないよね。今ではほとんどが週休2日制だし、年次有給休暇というのもあるし、夏休みまであるし、まあ、天と地ほどの差とでも言おうか。で、こういう勤務条件、民間で言えば労働条件は、どのように定められるのだろうか、というのが今回のテーマ。もっとも、最も重要な勤務条件である給与については前回みているから、ここでは給与以外の勤務条件の主なものを見ることになります。
　まず、例によってどのような原則に基づいて勤務条件が定められるかというと、給与について前回見たのとほぼ同じことが言えるんだよね。第1に、情勢適応の原則。これは大分前に見た原則でもあるんだけど、要するに、勤務条件は社会一般の情勢に適応するように、随時、適当な措置を講じなさい、ということで、措置を講ずる義務が使用者である地

方公共団体に課せられている。本来、労働条件というのは、労使間の契約で定めるのが原則だけど、労働基本権が制限されている公務員では、公務員の側から契約内容の変更を主張できないんだよね。だから、法律で、使用者である地方公共団体に義務付けているんだね。

　第2が、権衡の原則。給与のときは「均衡」って言ったけど、意味するところは同じ。だから、均衡の原則と言う場合もある。要するに法律で「権衡」と書いてあるだけの話なんだよね。で、ここの原則は、勤務条件は国及び他の地方公共団体の職員との間に権衡を失しないようにしなさい、ということ。給与の場合とちょっと違うね。どう違うかは、前回の復習でチェックしておいてチョーダイ。

　第3は、条例主義の原則。これは給与の場合と同じ。民間労働者の場合には労働契約で定めるけど、私的契約関係にはない公務員の場合は法令で勤務条件を定める、ということだよね。それはまた、法令という形式によることによって、労働基本権が制限されている公務員の勤務条件を保障する、という意味にもなるわけ。

　で、やはりこういった原則の適用についていろいろな例外があって、それを簡単に見ておくと、まず、企業職員と特定地方独立行政法人の職員は、原則として労働協約を締結できるから、給与や勤務条件に関する地方公務員法の規定が適用されないんだね。もっとも、情勢適応の原則は適用されるけれどね。いわゆる単純労務職員も同様に扱われる。次に、警察職員については、地方公務員法が適用されるけれども、条例や人事委員会規則で定めるとされている事項は、警察庁職員の例を基準にして定める、とされている。それから教育公務員のうち、市町村職員である県費負担教職員については、その勤務条件は、タテマエからすれば市町村の条例で定めることになるけど、これは都道府県の条例で定めるんだね。

◆**国家公務員との違い**

　という次第で、国家公務員の場合は法律と人事院規則で、地方公務員の場合は法律に基づいて条例で、それぞれ勤務条件が定められる、とい

うことになっている。ところが、国家公務員と地方公務員では法律上のタテマエが違っているんだよね。もちろん、勤務条件の内容そのものは、さっきの権衡の原則からして、ほぼ同じなんだけどね。で、どう違うかというと、簡単に一言で言えば、国家公務員には原則として労働基準法が適用にならないのに対して、地方公務員には特定の規定を除いて原則として労働基準法が適用されるということ。だから、地方公務員の勤務条件について条例で定める場合は、労働基準法に違反してはならないということになるわけ。

じゃ、国家公務員はどうなっているの、労働基準法と全く関係なく勤務条件が決まっちゃうの？という声があるかもしれないけど、国家公務員だって形式的に労働基準法が適用されないだけであって、勤務条件の中身はほとんど労働基準法と同じになっているのであります。しかも、その勤務条件の基本はすべて法律で定められるんだから、法形式の上でも労働基準法と同じだ、と言えるわけだね。ご安心を。

で、国家公務員の勤務条件に関する法体系はどうなっているかというと、まず、基本の法律は、国家公務員法だよね。次に、これに基づいて、給与については「一般職の職員の給与に関する法律」、給与以外の勤務条件については「一般職の職員の勤務時間、休暇等に関する法律」とが制定されています。さらに、細かい規定は人事院規則に委ねられている、そのほかに、特定の範囲の職員については特例の法律と人事院規則が定められている、という体系になっているんだよね。

◆**勤務時間**

そこで、勤務条件の中身を具体的に見ていくんだけど、国家公務員の制度の内容を参照しながら整理しておきます。地方公務員については、労働基準法と国家公務員の法制との両方を睨んでおく必要があるし、その方が分かりやすいんだよね。

まず、勤務時間というのは、職員がその地方公共団体に対して役務を提供すべき時間をいう、とされている。要するに、正規の公務に従事す

る時間というわけ。労働基準法でいうと、休憩時間を除き1週間に40時間ということになってます。

とすると、次には、この40時間をどのように勤務日に割り振るかという問題になるよね。でも、1日の勤務時間は8時間というのが原則になっていて、それ以上の勤務はできないタテマエになっているんだな。だから、週休2日とすると、つまり、日曜日と土曜日を週休日とすると、月曜日から金曜日までの5日間に勤務時間を割り振ることになるね。これで、1日8時間、5日で40時間と、計算が合うことになる。

ところが、国家公務員では、これが、休憩時間を除いて1週に38時間45分、1日に7時間45分となっていて、地方公務員でも同じに扱われているはずです。つまり、1日につき15分短縮されているわけ。でも面倒だから、以下、40時間・8時間として話を続けます。

### ◆休憩時間

もっとも、1日8時間働き続けでいいってわけじゃない。昼飯だって喰わなければならないし、コーヒーブレイクだって必要だよね。そこで法律は、勤務時間に応じて休憩時間を与えなければならない、としているわけ。その時間というのは、6時間を超える勤務の場合は少なくとも45分間、8時間を超える場合は少なくとも1時間ということになっている。だから、8時間勤務だったら最低45分与えればいいということになるね。休憩時間は、一せいに与えること、自由に利用できること、が原則になっているから、この点にも注意ね。

### ◆勤務時間の例外

これには少し例外があって、第1は、時間外勤務をさせることができる、っていうこと。労働基準法では、組合との間で締結する協定の定めるところによって勤務時間の延長ができるとなっていて、これを法の条名から三六協定と言っている。国家公務員にはこの協定がないけど、時間外勤務はさせられるんだよね。もちろん、時間外労働や休日労働に対しては、一定の割合による割増賃金を支払わなければならない。ただし、場合に

よっては、有給休暇に代えることができます。第2は、職務の性質や職務遂行の態様等によっては、4週間で1週間当たり40時間になるようにしてもよいという、いわゆるフレックスタイムが可能なこと。第3は、交替制勤務などの場合には、4週間ごとに8日の週休日を設け、かつ、1週間当たり40時間となるようにするなどの措置が可能だということ。第2と第3は、要するに勤務時間の割り振りの特例ということになるんだね。いずれにしてもすべての勤務に一律の条件をかけるのは無理だからね。

◆**休日**

　さっき、週休日というのが出てきたけど、これと休日とは何か違いがあるんだろうか、と思ったかもしれないけど、これちょっと面倒なんだよね。勤務時間法では、勤務時間を割り振らない日、なんだけどね。

　地方自治法では、地方公共団体の休日は条例で定める、と規定していて、これに基づいて制定されているいわゆる休日条例が、日曜日と土曜日、祝日法による休日、年末年始の休日、を定めているはずなんだよね。もっとももう一つ、特別の休日というのがあるけど、これは広島の原爆記念日などのように特別な歴史的、社会的意義があって、広く国民の理解を得られるような日といった特殊なものだから除外します。で、ともかくこの休日条例というのは、地方公共団体が公務を行わない日、簡単に言えば閉庁の日を定めていると考えていいわけね。

　ところが、一方、労働基準法で見てみると、原則として毎週少なくとも1回の休日を与えなければならない、となっているんだよね。で、この休日というのは、勤務を休む日、つまり勤務を要しない日ということになるよね。

　つまり、地方公共団体についてみると、自治法の方の休日と、労働基準法の方の休日と2つあることになるよね。これは同じことかというと、必ずしもそうではない。閉庁即ち勤務を要しない日だ、と直ちには言えないんだよね。ま、普通は勤務も休みになるだろうけどさ。

　そこで、この休日を勤務条件の面から考えてみると、2つの種類に分

けられるんだよね。1つは、勤務時間が割り振られているけれど、勤務が免除されるもの。つまり、給与の支給対象の日なんだけど、勤務しなくていい、という日。これに当たるのが祝日法による休日と年末年始の休日なんだな。この日には週40時間の勤務時間は割り振られているんだものね。もう1つは、勤務時間が割り振られていない日。つまり勤務しなくていいけど、当然給与の支給対象にもなっていないという日。日曜日と土曜日がこれに当たるよね。だから、自治法の休日は、一応この両方を含んでいるわけで、労働基準法の休日は、そのうちの日曜日と土曜日を言っている、ということになる。

### ◆国家公務員の場合

で、国家公務員では、この2つを分けて扱いましょう、ということになって、日曜日と土曜日は「週休日」とし、祝日法による休日と年末年始の休日を「休日」と呼ぶことにしようというわけ。ややこしいけどつまり、国家公務員で週休日というのは、労働基準法の休日に当たるということになるよね。

だから、週休日に勤務したら、勤務時間が割り振られた日つまり勤務日を、週休日に振り替えるという措置をとる。他方、休日に勤務した場合には、勤務日に代休を与える、ということになる。だから、週休日や休日に勤務しても、休日給は支給されない、というわけね。もっとも、特に必要がある場合には、振替休日や代休日に勤務を命ずることも可能だから、そうなると割増賃金である時間外勤務手当（超過勤務手当）あるいは休日勤務手当（休日給）が支給されるということになるんだね。

こういった考え方は、地方公務員にも妥当するんだよね。

(1) **給与以外の勤務条件の原則**
　　・情勢適応の原則（14条）　　随時、適当な措置
　　・権衡の原則（24条4項）　　国・他の地方公共団体の職員
　　・条例主義の原則（24条5項）
　労働基準法の原則適用（58条3項）
　←国家公務員　労働基準法の不適用
　　　　　　　一般職給与法、一般職勤務時間法、
　　　　　　　　他の特例法、人事院規則

(2) **勤務時間**
　　公務のために役務を提供すべき時間
　　休憩時間を除き40時間／週　→　8時間／日×5日間
　　国家公務員の場合　38時間45分　→　7時間45分
　　休憩時間　6時間を超える勤務＝45分、8時間超＝1時間
　　　　　　一斉、自由利用
　　例外　時間外勤務／休日勤務
　　　　　　割り振りの特例　フレックスタイム制／交替制勤務

(3) **休日（週休日と休日）**
　　給与支給対象外で勤務を要しない日（勤務時間が割り振られていない日）＝週休日＝日曜日・土曜日（原則）
　　給与支給対象であって勤務が免除される日（勤務時間が割り振られているが勤務を要しない日）＝休日
　　　＝国民の祝日法による休日・年末年始の休日
　　週休日の勤務→振替、休日の勤務→代休
　＊地方公共団体の休日（休日条例・自治法4条の2）
　　　＝日曜日・土曜日・祝日法の休日・年末年始の休日

**問1** 職員の勤務条件に関する次の記述のうち、誤っているものはどれか。

1 地方公共団体は、職員の勤務条件が社会一般の情勢に適応するように、随時、適当な措置を講じなければならない。
2 職員の給与以外の勤務条件は、国及び他の地方公共団体の職員との間に権衡を失しないように定めなければならない。
3 任命権者は、勤務時間が6時間を超える場合は少なくとも45分間、8時間を超える場合には少なくとも1時間の休憩時間を与えなければならない。
4 国民の祝日は、勤務することが免除されているが、給与の支給対象とはなっていない。年末年始の休日も同様である。
5 1週間の勤務時間は、労働基準法上、原則として、休憩時間を除き、40時間であり、1日については8時間を超えてはならない。

**問2** 職員の勤務条件に関する次の記述のうち、正しいものはどれか。

1 企業職員及び単純労務職員の勤務条件については、情勢適応の原則、権衡の原則及び条例主義の原則が適用される。
2 勤務時間は、職員が役務を提供する正規の勤務時間であるから正規の勤務時間以外の時間に勤務を命ずることはできない。
3 警察職員の勤務条件については、一般職の職員の勤務条件に準じて、公安委員会規則で定めることとされる。
4 県費負担教職員の勤務条件のうち、条例で定めるべき事項は、都道府県の条例で定めなければならない。
5 任命権者は、特定の職員に1週間で40時間を超える勤務時間を割り振った場合には、その超過した勤務時間は、次の週の勤務時間から控除しなければならない。

《指針》　勤務条件については、国家公務員法と労働基準法に注意。

　問1の1と2は、勤務条件についての原則で、情勢適応の原則と権衡の原則だね。3は休憩についての労働基準法の規定だね。ところが、国家公務員では、原則として、4時間勤務の後に、7時間45分勤務では60分（場合により45分）、それ以外では30分の休憩時間を置くことになっていて、実際には現在は昼に休憩時間1時間を置くだけになっている。なお、これは休息時間とは違うことに注意。4と5は勤務時間の割り振りの問題で、通常の割り振りでは40時間を週5日間に分けて1日8時間、祝日と年末年始は必ずしも日曜日と土曜日になるわけではないので、これは週休日とは違う。つまり、給与支給の対象日となっている、ということだね。労働基準法では週40時間労働は平成9年4月から完全実施になったこともちょっと注意だね。

　問2は、一般職以外の地方公務員の勤務条件。企業職員と、特定地方独立行政法人の職員と単純労務職員は、大体同じ扱いなんだけど、労働協約を締結できるわけだから、条例で定めることにはならないよね。だから、職員に適用される原則は関係ないことになるし、明文で適用除外になっている。もっとも情勢適応の原則は適用になる。警察職員については、国の警察職員の例を基準として定めるけれど、条例や人事委員会規則による点は一般職と同じ。教育公務員については記述どおり。2と5は勤務時間の割り振りに関係する問題だけど、正規の勤務時間以外の時間にも勤務を命ずることはできるよね。休日勤務や時間外勤務ということ。勤務時間の割り振り調整は、1か月以内の一定の期間などでできるけど、国家公務員では4週間を単位とするのが原則。ただし、個人的にするのではなく、一般的に職種などによって行わなければならないよね。

《参照条文》24条・25条、労基法32・34・35条、地公企法39条、地独法法53条、地公企労法7条、警察法56条2項、地教行法42条

《正解》問1＝4、問2＝4

| 第5章 | 勤務条件 |
|---|---|
| 第18回 | ●休暇と休業<br>休暇／年次休暇／特別休暇／病気休暇／介護休暇／休業／部分休業／育児休業関係／管理職の場合 |

　ええと、江戸の奉公には年季奉公と出替奉公があったという話を前にしたけど、出替奉公は、たとえば下女などの下働きの奉公人がそうだったんだね。で、この場合は、雇用期間が1年か半年だった。それも1年なら3月5日、半年の場合はこの日と9月10日とが、出替期日、つまり今で言う契約更新の日だったという。で、こういう川柳ができてくる。
「女房はしらぬ顔にて出替わらせ」
　旦那が下女にちょっかいを出す、下女はなんだかんだ言っても主人には逆らえない、となるとそれからもちょくちょく旦那は女房の目を盗んで這ってくる、女房はすぐに気がつくが騒ぎ立てればこじれるだけ、知らぬ顔の半兵衛を決め込んで、出替の日に下女をサッとお祓箱にしてしまう……という図なんだろうね。下女はちっとも悪くないのに、貞操は奪われるはクビにさせられるはで、踏んだり蹴ったりじゃないか、と思うのは多分現代の感覚なんじゃないかな。ま、江戸版セクハラはともかくとして、現代の勤務条件にもどってみようか。

◆**休暇**
　勤務条件の1つに休暇があるのは御存知のとおりだけど、休日と休暇というのはどう違うんだろうか。休日には「週休日」と国民の祝日などの「休日」とがあるっていう話をしたけど、休暇はその「休日」に似ているんだよね。つまり、勤務時間が割り振られていて本来勤務を要する日であること、そうではあるけど勤務しなくてもいいということになる、つまり職務専念義務を免除されること、この点が同じなんだね。
　でも違うところもあって、どう違うかっていうと、休暇は、個々の職員の請求によって与えられるものであって、またそれだけではなく、ど

ういう形にせよ任命権者の承認を必要とするものでもあるということ、つまり、職員に一斉に一律に与えられるものではないんだな。それともう1つ、休日のように1日単位ではなくていい、たとえば1時間とかの時間単位でも認められるということがあるね。休暇に対してはだいたいが給与を支払うことになっているけど、休暇の種類によっては扱いが異なるものもあるから、休日のようにすべて給与支払いの対象だとは言いにくいんだよね。

### ◆年次休暇

では、休暇にはどんな種類があるんだろうか、ということに入るんだけど、労働基準法では、年次有給休暇と女子の生理休暇とがあるんだよね。でも、国家公務員ではこれが4つに分けられていて、年次休暇と特別休暇と病気休暇と介護休暇というのがある。

まず、年次休暇だけど、これは労働基準法では年次有給休暇と言っています。だからその方が一般的だよね。で、休暇も勤務条件の1つだから、他の勤務条件と同じに、条例で定めることになっているし、その条例の定めも、労働基準法の基準を下回ることはできない、ということは前に見たとおり。というわけで、労働基準法を見てみると、有給休暇は、6箇月間継続勤務して労働日の8割以上出勤した者に、10日間与えなさい、1年6箇月以上継続勤務した者には1年について1日加算しなさい、ただし20日を上限とします、となっている。また、このうち、対象労働者の範囲や日数が限定されるけれども、時間を単位として有給休暇を与えることができるようになっています。

でもこれは最低限なんだよね。公務員の場合は、通年在職する常勤職員であれば原則20日間となっていて、これは年単位だから、年の途中で採用になったりすると、20日を限度に在職期間に比例した日数を与えられる。たとえば4月に就職したら、20日の4分の3、つまり15日ということになる。年単位と言ったけど、これには例外があって、一定の日数を限度に翌年に繰り越せるという制度も採られているんだよね。これは

人事院規則では20日間を限度としているから、年次休暇は公務員の場合最大限40日間あるということになるね。なお、年単位でなくて年度単位にしている自治体もあるようだね。

　年次休暇は、いわば職員の権利だから、原則論からすれば、職員が請求するだけで取れるということになるわけ。だけど、むやみやたらに皆に休まれちゃうと公務に支障が生じるから、休暇を取りたいという、その時期について任命権者の承認を受けなければならない、とされています。承認請求された任命権者の方はというと、公務の運営に支障がある場合を除いて、承認しなければならない、とされている。支障がある場合はどうするかというと、他の時期に与える、ということになるわけ。つまり、休暇は認めるけど、時期を変更してもらいたい、ということ。これを時期変更権などといっている。あ、そうそう、労働基準法はこれを「時季」と書いているけど同じこと。

　年次休暇は、職員が自由に使えるものであって、その時間なりその日に何をしてもいい。勤務しなくても給料は減額されない、だから有給休暇というんだよね。蛇足だけど、公務員の場合、一般的に海外旅行は任命権者の承認を要するという運用がされているんだよね。だから、海外旅行には、休暇と旅行と両方の承認を受けなければならないわけ。それぞれ目的が違う承認なんだからやむを得ない、ということらしいね。

◆**特別休暇**

　次に、特別休暇というのは、特別な事由によって職員が勤務しないことが相当である場合の休暇、と説明されています。年次休暇の場合はどんな事由であっても構わないけど、特別休暇の場合は、事由が限定されるということだよね。特別だから、その事由に当たるかどうかを判断しなければならない、だから、一般的には休暇そのものについて任命権者の承認が必要だということになる。もっとも、産前産後の休暇は請求だけでよろしい、とされている。承認せざるをえないから当然だけど。

　で、どんな事由で休暇が認められるかというと、これは条例で定める

ものだから、必ずしもどの自治体も同じとは言えないかも知れないよね。だから、代表として国家公務員で見てみます。

　①選挙権などの公民権の行使のため
　②証人、参考人などとして官公署に出頭するため
　③骨髄移植のための骨髄液を提供する場合
　④一定の要件に該当する無報酬の社会貢献活動のため（いわゆるボランティア休暇、年間5日以内）
　⑤結婚する場合の行事などのため（5日以内）
　⑥6週間以内に出産が予定される場合
　⑦出産後8週間
　⑧生後1年に達しない生児の授乳などのため（1日2回各30分以内）
　⑨妻の出産に伴う付添いなどのため（2日以内）
　⑩妻の産前産後期間中の小学校就学前の子の養育のため（5日以内）
　⑪小学校就学前の養育する子の看護のため（年間5日以内）
　⑫配偶者等で要介護者であるものの介護等の世話（5日以内）
　⑬親族が死亡した場合の行事などのため（いわゆる忌引、親族に応じて1日から7日間）
　⑭父母の追悼行事のため（いわゆる法事、1日）
　⑮夏季休暇（7月から9月までの間で連続する3日間）
　⑯災害で住居が滅失、損壊した場合の復旧作業のため（7日以内）
　⑰災害や交通機関の事故などで出勤することが著しく困難な場合
　⑱災害で退勤途上の著しい危険を回避するため

　上の⑥と⑦は、いわゆる産前産後休暇だけど、労働基準法では休業といっていて、同じ扱いになっています。⑧の授乳時間についても労働基準法に同じ規定があるし、⑪と⑫については育児休業等労働者福祉法で休暇として定められている。このほか、労働基準法では生理休暇を女子に認めているから、条例によっては定めているところもあるだろうね。

◆**病気休暇**

　病気休暇というのは、と言うほどのことはないんだけど、要するに病気や怪我のために療養する必要があって、勤務しないことがやむを得ないと認められる場合の休暇のこと。これも任命権者の承認を必要とします。給料は、休暇の期間によって、全額支給されたり、減額されたりするのが普通だろうね。

◆**介護休暇**

　介護休暇というのは、職員が、怪我、病気、老齢によって日常生活に支障があるのが常態となっている人を抱えていて、その介護のために勤務しないことが相当だと認められる場合に認められるもの。介護を必要とする人は、一定の関係が必要で、配偶者、父母、子、配偶者の父母、同居している祖父母などに限定されている。期間は1人の介護について連続する6か月以内の期間内で、この場合は勤務しない時間1時間ごとに給与を減額するというもの。当然、任命権者の承認を必要とするよね。

　これは、労働基準法関係では、つまり民間では、休暇ではなくて、介護休業となっていて、地方公務員にも一応適用されるようになっています。期間は3か月以内の期間内だけど、この間、共済組合から、給料日額の4割に相当する金額に一定割合を乗じて得た額の介護休業手当金が支給されます。ただし、この休業は最低基準と考えることができるね。実際には国家公務員と同様の介護休暇を採用しているのが多いと思うよ。

◆**休業**

　勤務しなくていい、というものに、もう1つ「休業」というのがあるよね。休暇や休日とどう違うかというと、休暇や休日は、勤務を要しないとされてはいるけど、職務そのものから離されているわけじゃない、職務はもっている状態なんだな。ただそのときだけ仕事をしなくていいよ、というわけ。これに対して休業というのは、原則として、職務に従事しない、ということ。職は保有しているけど、職務はもっていないわけ。だから、原則として給与も支給されない。ついでに言うと、これと

同じ法的性質を持つものには、休職、停職、外国地方公共団体の機関や公法人などへの派遣の3つがあるんだよね。休業には、自己啓発等休業、配偶者同行休業、育児休業と大学院修学休業があります。

　で、まず自己啓発等休業というのは、大学などへ行くとか、国際貢献活動をするとか、そういう目的での休業で、3年を超えない範囲内で条例で定める期間認められるんだね。職員から申請して、公務の運営に支障がなくて、かつ、その職員の公務能力の向上に資すると認められると、承認されます。大学の課程のほか、専攻科、大学院、相当する外国の大学などでもオーケーだね。国際貢献活動は、どんなものでもいいというわけではなく、外国における奉仕活動で職員として参加することが適当と認められるもの、という要件があります。この休業は、臨時的任用職員、任期付採用職員、非常勤職員には認められません。

　次の大学院修学休業というのは、公立の小中高の学校の教諭に認められるもので、3年を超えない範囲内だけど、年を単位とする、行き先は大学院、大学の専攻科、これに相当する外国の大学の課程とする、という少し違った内容になっているんだね。教諭から申請するのは同じだけど、この場合は、任命権者の許可になります。条件付採用期間中の者、臨時的任用者、初任者研修中の者などには認められません。

　配偶者同行休業というのは、配偶者が外国などの勤務になって外国に居住する場合に、生活を共にするために同行するための休業で、同じように3年を超えない範囲内で条例で定める期間認められます。職員から申請して、公務の運営に支障がないと認められて、かつ、その職員の勤務成績その他の事情を考慮した上で、承認されます。また、自己啓発等休業と同様に、臨時的任用職員、任期付採用職員、非常勤職員には認められません。それから、その職員の業務のやりくり上、どうしても必要という場合には、その期間について任期付採用や1年以内の臨時的任用をすることができるんだね。

　育児休業については、あとでまとめて見ます。

◆**部分休業**

　休業と名のつくものには、別に、部分休業というのがあるんだけど、これはどちらかというと休暇に性格が近い。つまり、職も職務ももっているんだけど、勤務時間の一部について勤務しない、というもの。でも、休暇と違って、その勤務しない時間については給与は支給されないんだね。部分休業には、修学部分休業、高齢者部分休業、育児短時間勤務、育児の部分休業があります。

　で、修学部分休業から見ていくと、これは自己啓発等休業の部分版といった感じで、目的は大学その他の条例で定める教育施設における修学、期間は2年以内、承認の要件は、公務の運営に支障がなくて、かつ、その職員の公務能力の向上に資すると認められること、というものなんだね。もちろん、本人から申請します。

　次の高齢者部分休業というのは、これとはちょっと違って、定年退職までの5年以内の期間について認められるんだね。職員が申請した場合に、公務の運営に支障がないと認めるときに、条例で定めるところにより承認する、とされています。つまり、定年後に備えて一週間のうち余分に一日は休みたい、その分給与が減額されても結構です、といった人向けの制度と言っていいかな。

　どちらも、臨時的任用職員、任期付採用職員、非常勤職員は対象になりません。それから、休職や停職の処分を受けた場合には、承認が失効します。ま、これは当然のことかな。

◆**育児休業関係**

　育児についての休業と部分休業をここでまとめて見ておきます。これには、休業である育児休業と、部分休業である育児短時間勤務と育児の部分休業があるんだけど、育児の部分休業は法律上単に「部分休業」としか言っていないから、混乱しないようにね。

　で、まず育児休業だけど、第1、対象は、子を養育する職員、ただし、育児短時間勤務に伴って採用される短時間勤務職員と臨時的任用職員は

除かれます。第２、期間は、その子が３歳に達する日までの間で請求する期間、ただし、非常勤職員の場合は１歳から１歳６月までの間で条例で定める日までの間となります。第３、手続は、職員から任命権者に対して請求して承認を得る、第４、承認は、その職員の業務を処理するための措置を講ずることが著しく困難な場合を除き、しなければならない、となっています。第５、育児休業期間中は、職は持つけど職務には従事しない、だから原則として給与は支給されないんだね。ただし、国家公務員を基準として定める条例によって、期末手当、勤勉手当を支給することができます。それから、共済組合の休業給付として、原則としてその子が１歳に達する日までの間、一定額の育児休業手当金が支給されます。

　次に、育児短時間勤務というのがあって、対比していくと、第１、対象は、子を養育する職員、ただし、非常勤職員と臨時的任用職員は除かれます。第２、期間は、その子が小学校就学始期に達するまでの間で請求する期間、ただし、１月以上１年以下の期間に限られます。第３、手続は育児休業と同じ、第４、承認は、その職員の業務を処理するための措置を講ずることが困難な場合を除き、しなければならない、となっています。第５、この間、希望する勤務形態によって勤務することができるんだけど、もちろんその分給与は減額されるね。その勤務形態だけど、原則として５つのパターンがあって、１日４時間、１日５時間、週休日以外に週２日の週休日でそれ以外は１日８時間、週休日以外に週２日の週休日でそれ以外は２日８時間・１日４時間、週20時間から25時間の範囲内で条例で定める形態、となっています。もっとも、これは週40時間、１日８時間勤務を前提にした時間で、現実には国家公務員と同じにして38時間45分、７時間45分となっていれば、それぞれ５〜10分ほど短くなるね。

　もう１つ、育児の部分休業というのは、第１、対象は、子を養育する職員だけど、育児短時間勤務職員は除かれます。第２、期間は、常勤職

員の場合は、その子が小学校就学始期に達するまでの間、非常勤職員の場合はその子が3歳に達する日までの間で請求する期間、第3、手続は育児休業と同じ、第4、承認は、公務の運営に支障がないと認めるときにすることができる、となっています。そして第5、この間、1日の勤務時間の一部について2時間を限度として勤務しないことができて、これに対応して給与は減額されるんだね。

　いずれにせよ、職員は、これをとったことによって不利益な取扱いを受けることはない、と規定されています。一方、職場にとってはやはり業務遂行に影響が出るのは当たり前なんだけど、そのためには配置換えなどをして職場全体でやりくりしましょうというのが原則なんだね。でも、どうしてもその職員の業務を処理することが困難だというときは、育児休業については、その期間を限度として任期付採用や1年内の臨時的任用をしてもいいですよ、育児短時間勤務については、その期間を限度とする任期付の短時間勤務職員を採用してもいいですよ、という特例があります。

◆**管理職の場合**

　最後にちょっと付け加えておくけど、労働基準法では、監督又は管理の地位にある者、いわゆる管理職には、労働時間、休憩及び休日に関する規定を適用しない、としているんだよね。でも、だからといって職員のうちの管理職には、休日もないというわけじゃない。国家公務員だって、管理職はもちろん、いわゆる指定職にも、普通の職員に適用される勤務時間、休憩、休日などの勤務条件に関する規定は適用されているんだよね。つまり、公務員法の世界では、管理職であっても、実際には勤務条件についての規定のほとんどが適用されているわけ。地方公務員ではほとんどは条例になるけどね。この点誤解のないように。

## まとめ

(1) **休暇** ＝ 職務専念義務の免除（原則として任命権者の承認）
　　個々の職員の請求
　　国家公務員の場合（勤務時間法）
　　　　・年次休暇（年次有給休暇）　　原則20日／年
　　　　　労働基準法→継続勤務の必要・加算　10日〜20日
　　　　　任命権者の時期変更権／事由の如何を問わない
　　　　・病気休暇
　　　　・特別休暇（特別な事由の必要）
　　　　・介護休暇（労働基準関係では介護休業）
　　　　　　要介護者と一定の関係、1人6月以内、給与減額

(2) **休業**
　　　　・職を保有したまま職務に従事しない（＝休職・停職・派遣）
　　　　・休業　　自己啓発等休業（大学・国際貢献活動・3年以内）
　　　　　　　　　配偶者同行休業（外国同行・3年以内）
　　　　　　　　　大学院修学休業（小中高教諭・3年以内）
　　　　　　　　　育児休業（子が3歳に達する日まで）
　　　　・部分休業　修学部分休業（大学等・2年以内）
　　　　　　　　　　高齢者部分休業（定年退職前5年以内）
　　　　　　　　　　育児短時間勤務（小学校就学までの子・5勤務形態）
　　　　　　　　　　育児の部分休業（小学校就学までの子・2時間／日）

(3) **管理職**
　　労働時間、休憩及び休日に関する規定の原則適用除外
　　（労基法41条……実際は職員として同じ）

**問1** 職員の勤務条件に関する次の記述のうち、正しいものはどれか。

1 任命権者は、6か月勤務して8割以上出勤した職員に対して、最低10日間の有給休暇を与えなければならない。
2 年次休暇は、職員の請求する時期に必ず与えなければならず、いかなる場合にも変更させることができない。
3 育児休業は、3歳に満たない子を養育するために職員が請求するものであり、休業中は1年間に限り給与が支給される。
4 特別休暇の事由としては、選挙権の行使、結婚、出産、交通機関の事故などのほか、一定期間勤務を継続して定年を迎える直前の慰労のためのものも含まれる。
5 監督又は管理の地位にある職員に対しては勤務時間、休憩、休日、休暇、休業などに関する法令の規定は一切適用にならない。

**問2** 職員の勤務条件に関する次の記述のうち、誤りはどれか。

1 休日、休暇、休業及び休憩は、いずれも、職務専念義務を免除するものであって、これに対応する給与はすべて支給される。
2 休暇は、国家公務員では、年次休暇、病気休暇、特別休暇及び介護休暇の4種類となっており、地方公務員でもほぼ同様の制度が条例で定められている。
3 休業は、休業開始の時に就いていた職又はその休業中に異動した職を保有するが、職務に従事しないものであり、休職や停職もこの点では同様である。
4 育児の部分休業は、小学校就学始期に達するまでの子を養育するため1日の勤務時間の一部について勤務をしないことであり、原則としては職務に従事するので、代替要員の臨時的任用は認められない。

5　育児休業の制度は、育児短時間勤務に伴って採用された短時間勤務職員及び臨時的に任用される職員には適用されないが、条件付採用期間中の職員には適用される。

《指針》　今回は休暇と休業が中心だけど、休暇は労働基準法と国家公務員法の両方を見る必要があるね。休業は育児休業法もチェック。
　問1の1は労働基準法39条1項のとおり。もっとも地方公務員では国家公務員の勤務時間法と同じ扱いになっているはずだよね。でも、法的なタテマエはこうなっているから、正しいと言わざるをえないね。2は休暇の権利性だけど、公務の運営に支障がある場合には時期変更できるということだね。育児休業は、3歳になるまで可能だけど、給与は支給されない。特別休暇については労働基準法にはないから、結局は国家公務員の勤務時間法とこれに基づく人事院規則を見なければならないけど、定年退職慰労休暇はないね。管理職に対する法の不適用は、労働基準法では労働時間、休憩及び休日に関する規定となっていて、限定的だよね。で、地方公務員には、法律と条例で、これらに関する規定のほとんどは適用されているよね。
　問2は育児休業法が中心。1の全部が職務専念義務の解除とは言えないし、給与は支給されるものとされないものとがあるね。休暇制度の内容は、勤務時間法で記述のとおりだし、地方公務員ではこれを基準にして条例を定めているはずだね。休業については、3の記述どおり。育児の部分休業は、記述のとおりだよね。育児休業の場合は、職員の配置換えなどでその職員の業務を処理することが困難なときは、臨時的任用や任期付の採用をすることができるんだけど、部分休業ではできない。その規定が部分休業に準用されないんだよね。5は記述どおりで、一定の短時間勤務職員と臨時的任用も育児休業できる職員からは除外されている。
《参照条文》労基法39条・41条、勤務時間法16条～、育児休業法
《正解》問1＝1、問2＝1

# 第6章

## 福利厚生

第19回
共済制度
第20回
公務災害補償

## 第6章　福利厚生

### 第19回　●共済制度
厚生制度／福祉・利益保護の根本基準／共済制度／共済組合／共済事業

　ええと、江戸の庶民の遊びと言えば吉原、ということになるんだろうけど、吉原で遊べるのは限られた人だったんだよね。だから
「すけんが七分かうやつが三分なり」
「すけん」は素見物、見物だけの客のこと、実際に買うのは10人のうち3人だというわけ。三分というのは値段にも掛けてあって、この頃庶民向けは一分が相場だったという。遊女のランクと名称は時代によって違うけど、この頃は三分のが「散茶」、一分のが「うめ茶」と呼ばれていたらしい。最高級の太夫というのは初期の頃しかいなかったようで、これに匹敵する昼三(ちゅうさん)というのがいた時は、昼夜それぞれ三分だったという。昼夜通しで揚げ詰めにすれば六分つまり一両二分で、
「昼三は保養にはちと大き過」
となる。元気回復だといってもこれでは少し高すぎる、というわけ。

◆**厚生制度**

　元気回復という言葉は今では少しなじみにくいかもしれないけれど、法律にあるんだよね。ちょっと場違いな感じがするでしょ。地方公共団体は「職員の保健、元気回復その他厚生に関する事項」の計画を立て、実施しなければならない、という規定なんだな。

　保健というのは、普通は健康管理のことなんだけど、狭い意味では病気予防措置のことだとも言える。ここではどちらかというと狭い意味かな。ま、この規定全体からすればどちらでも同じ結果になるから、議論するメリットはないけどね。診療所、医務室といった診療施設の整備だとか、保養所の設置なんてことが含まれる。

　そして、この「元気回復」は今様に言えば、レクリエーション、なあ

んだ、と思うでしょ。そう、要するに英語の翻訳なんだね。まあ、仕事によって蓄積した疲労を解消し、気分を転換して明日への活力を養う、なんて説明されているけどね。保養施設や運動施設の整備、運動会や旅行や講習会の開催、娯楽施設などの整備といったことが、この内容になるだろうね。そうそう、この催し物への参加は、職務専念義務を免除することができる、と解されています。

　そのほかの厚生となると、たとえば公務員宿舎などの住宅の設置、食堂や売店などの経営、生活資金の貸付といった生活援助といったことがあげられるだろうね。それから、安全衛生に関する事項もこれに含まれると解されていて、健康診断、職場環境の整備、機械設備の整備などがこれに当たります。具体的には労働安全衛生法に従って措置することが原則なんだな。

　このような厚生福利は、給与と並んで、人事行政の円滑な運営を図るために絶対必要なものである、と考えられているんだよね。だから、使用者である地方公共団体は、厚生福利に関する計画を立案することと、その計画を実施すること、その両方の責務を負っている、というわけ。

### ◆福祉・利益保護の根本基準

　で、少し戻って考えてみると、この厚生福利というのはどういうことかというと、職員の福祉と利益の保護というジャンルの問題なんだよね。単に、勤務条件を良くするだけではなく、職場環境を整え、職員の生活が安定するような条件を整えることも必要なんだ、ということ。そうすることによって、職務に専念することができ、それはまた、公務の能率的な運営が実現することになる、という考えだよね。これは一面では社会保障の問題にもなるけど、同時に公務員制度の一環でもある、というわけ。

　職員の福祉・利益保護として、具体的にどのような措置がとられているかというと、地公法では、厚生制度と共済制度、公務災害補償、勤務条件に関する措置要求、不利益処分に関する不服申立て、の4つが規定

されています。そして、その4つに通ずる根本基準として、適切であることと、公正であることとがうたわれているんだけど、これはもう読んで字のとおりだから説明は必要ないよね。

### ◆共済制度

そこで、厚生制度についてはもう見たから、次の共済制度に入るんだけど、地公法ではその基本的な方針だけを規定しているんだよね。まず、共済制度というのは何かというと、職員とその被扶養者の病気、死亡、災害などに関して適切な給付を行うための相互救済を目的とする制度だということ。その趣旨は生活の安定に資するということにあるけれども、制度の目的は、恩恵的に与えるものではなくて、職員相互が助け合うことにあって、その内容は適切な給付を行うものだというわけ。ここでも「適切」が出てきてますねぇ。

この制度には、特に退職年金に関する制度が含まれていなければならない、というわけで、これが眼目だということになるね。どういう場合に支給する年金かというと、第1が相当年限忠実に勤務して退職した場合、第2が公務に基づく傷病で退職するか死亡するかした場合、この2つ。こういった場合に、職員本人か、その遺族に対して支給するんだというわけ。その支給内容は、退職や死亡の時の条件を考慮して、その後における適当な生活の維持を図ることができるようなものでなければならない、としている。ただし、この制度は、国家公務員の制度と権衡を失しないように考慮しなければならないという、あの均衡の原則がまた顔を出してくるのであります。それともう1つ、この制度は、健全な保険数理を基礎として定めなければならないとされている。なんだ、結構いいなと思ったらだんだんケチ臭くなっちゃうじゃないか、と感じてもこれはしょうがないね。

この共済制度は、地方公務員等共済組合法という法律で詳細に定められています。共済組合法でも、この共済組合制度が地公法にいう共済制度であるという趣旨が規定されていて、念を入れて明確にしているって

感じがするね。

### ◆共済組合

　共済組合というのは、構成員である組合員の相互救済を目的とする制度であって、地方公務員とその遺族の生活の安定と福祉の向上に寄与すること、それによって公務の能率的運営に資することとを目的とする、とされています。

　組合員には、職員がなるわけだけれど、これは原則として常勤の地方公務員を意味しています。でも、実際に「常時勤務に服することを要する者」に限ってしまうと困るので、停職や休職、休業中の者や職務専念義務を免除されている者なども含むとされている。それから、非常勤職員でも常勤に準ずる者も含まれているんだよね。どういう状態が「常勤に準ずる」のか、判断基準が難しいけど、政令は、常勤職員の勤務時間に相当する時間以上勤務した日が引き続き12月を超え、それ以後もその勤務時間で勤務する者、としている。なんだ、結局常勤と同じじゃないか、ということになるかな。

　地方公務員の共済組合にはどのようなものがあるかというと、道府県の職員が組合員となる地方職員共済組合、公立学校職員の公立学校共済組合、都道府県警察職員の警察共済組合、都と特別区の職員の都職員共済組合、指定都市ごとに指定都市職員共済組合、その他の市町村の職員について都道府県ごとに市町村職員共済組合、そのほかに特別に市単位に都市職員共済組合というのも認められていて、合わせて7種類があるんだね。で、市町村職員共済組合と都市職員共済組合で全国市町村共済組合連合会、すべての共済組合で地方公務員共済組合連合会、という全国の連合組織を作っています。もっとも、長期給付については、地方公務員共済組合連合会にすべて統合されているんだけど、これは年金一元化の一環として位置づけられるわけ。

　地方公共団体の関係する団体の職員も同様の扱いを受けることになっていて、この場合、地方職員共済組合の組合員になります。

◆**共済事業**

　共済組合の事業はどういうものかというと、短期給付、長期給付、福祉事業の3つに分けられます。

　短期給付というのは、簡単に言えば健康保険、つまり医療保険だよね。これにも、法定給付という、法律によって同じ基準で行われる給付と、各組合の財政事情なんかによって内容の違う付加給付と、2つの給付がある。さらに、法定給付も3つに分けられるんだけど、まず、保健給付というのがあって、これはほぼ健康保険法によるのと同じで、診察・薬剤・治療・看護などの療養の給付、各種の療養費、出産費、埋葬料などが含まれる。第2に休業給付というのがあって、病気などで勤務を休んでいるときに給付されるもの。傷病手当金、出産手当金、休業手当金、育児休業手当金、介護休業手当金の5つだけど、もちろん、給料との調整はされることになる。第3は災害給付で、水震火災などで死亡したときに支給される弔慰金か家族弔慰金と、住居・家財に損害を受けたときに支給される災害見舞金とがある。

　長期給付というのは、年金と一時金で、いわば国民年金と厚生年金の制度に合体・連結している、とでも言おうか、年金制度一元化が図られているけど、今後の急激な高齢化社会でどうなるんだろ、という切実な問題を抱えています。それはともかく、現在の制度では、退職共済年金、障害共済年金、障害一時金、遺族共済年金の4つになっているんだよね。中心である退職共済年金は、一定の年金額を──これは物価変動率と名目手取り賃金変動率などによって決定されることになっている──原則として組合員期間25年以上の者が65歳に達したときに支給する、となっているけど、経過措置が採られていて当分の間は60歳、これを厚生年金も含めて段階的に1年ずつ引き上げていって2025年に65歳原則どおりにしましょうというのが現在の方針であることはご承知のとおり。ま、ここではこれ以上は立ち入りません。

　こういった給付は、黙っていてもくれない、つまり自分から請求して、

組合で決定してもらわないとダメ。これを請求主義といっている。

　福祉事業は、健康保持増進のための事業、保養や宿泊用の施設の経営、臨時の必要な資金のための貸付、生活必需物資の供給などとなっている。職員や家族の厚生、レクリエーション的なものだね。

　これらの費用はどうするかというと、相互救済の制度という趣旨から、組合員の負担する掛金これが50％、使用者である地方公共団体の負担金が50％というのが原則になっている。事業の種類や内容によって若干の違いはあるけど、これが基本なんだね。たとえば、組合は介護保険への介護納付金を納めることになっているけど、これも掛金と負担金が50％ずつ。また、基礎年金拠出金の負担費用については、地方公共団体がその2分の1を負担する、といったことになる。掛金は給料から天引き。そうそう、育児休業中の掛金は、その組合員から申出があれば、その間の掛金は徴収しないことになっています。

　あと、地方議会の議員を対象にした地方議会議員共済会というのがあって、議員の長期給付事業を担当しています。都道府県の議会、市の議会、町村の議会の3つに分かれていて、それぞれ費用は議員の掛金・特別掛金と地方公共団体の負担金でまかなうことになっている。

### まとめ

(1) **福祉・利益の保護**　厚生制度・共済制度、公務災害補償
　　　　　　　　　　　　勤務条件に関する措置要求
　　　　　　　　　　　　不利益処分に関する不服申立て
　　　　根本基準（41条）　適切かつ公正

(2) **厚生制度**　職員の保健、元気回復その他厚生に関する事項
　　　　　　　　計画の樹立と実施（42条）

(3) **共済制度の原則**（43条）
　①病気、負傷、死亡、災害等に関して適切な給付を行う
　②相互救済を目的
　③退職年金制度を含む　本人・遺族の適当な生活の維持を図る
　④国家公務員の制度との権衡
　⑤健全な保険数理を基礎

(4) **共済組合＝地方公務員等共済組合法**
　　　組合員の相互救済、職員・遺族の生活の安定と福祉の向上
　組合員＝原則として常勤の地方公務員（これに準ずる者を含む）
　組合＝地方職員共済組合、公立学校共済組合、警察共済組合
　　　　都職員共済組合、指定都市職員共済組合
　　　　市町村共済組合、都市職員共済組合
　　　全国市町村職員共済組合連合会・地方公務員共済組合連合会

(5) **共済事業**
　費用負担＝組合員の掛金(50%)＋地方公共団体の負担金(50%)
　短期給付＝法定給付（保険・休業・災害）・付加給付
　長期給付（年金・一時金）＝退職・障害・遺族
　　給付の請求主義
　福祉事業＝健康保持増進事業、保養施設経営、資金貸付等

**問1** 職員の福利厚生に関する次の記述のうち、誤っているものはどれか。

1 地方公共団体は、職員の保健、元気回復その他厚生に関する事項について計画を樹立しこれを実施しなければならない。
2 共済制度は、職員の病気等に関して適切な給付を行うための相互救済を目的とするものである。
3 共済組合は、組合員の支払う掛金と使用者である地方公共団体の負担金とで運営することを原則とする。
4 共済組合は、組合員に対して短期給付と長期給付を行うが、これは健全な保険数理を基礎としなければならない。
5 共済制度は、職員の福利厚生のための制度であるので、非常勤職員には共済組合に加入することが認められていない。

**問2** 職員の福利厚生に関する次の記述のうち、正しいものはどれか。

1 共済制度において適切な給付を行うとされる対象は、職員の病気のほか、負傷、出産、休業、災害、退職、障害又は死亡であり、職員の家族については対象外である。
2 共済制度に含まなければならないとされる退職年金制度は、国民年金制度が国民すべてに適用されるので、公務傷害による退職又は死亡を事由とするものに限られている。
3 退職年金制度は、退職又は死亡の時の条件を考慮して、本人とその扶養する者が退職又は死亡後において適当な生活を維持できるようにすることを目的としている。
4 共済制度は、健全な保険数理を基礎として定めなければならないので、国の制度との間に権衡が保たれない結果になっても止むを得ない。
5 共済制度として法律により共済組合制度が設けられているが、

地方公共団体の議会の議員及び関係団体の職員も共済組合の組合員となることが定められている。

《指針》　問１は基本的な問題。１は厚生制度についての規定のとおり。共済制度は、病気等に関して適切な給付を行うこと、相互救済を目的とすること、本人と遺族の適当な生活の維持を図る退職年金制度を含むこと、国の制度との権衡を図ること、健全な保険数理を基礎とすること、この５つが骨格なんだね。これに基づいて地方公務員等共済組合法が制定されていることも説明したよね。で、共済組合の仕組みは、掛金と負担金で運営するのが柱だけど、組合員は当然職員が中心で、非常勤職員は常勤と同じ様な勤務形態の場合に組合員となれることになっているよね。

　問２は共済制度についてやや詳しい記述だけど、それほど共済組合法の内容に踏み込んでいるわけじゃない。共済制度での給付事由は、職員の病気などのほか、被扶養者の病気なども対象になっているよね。退職年金制度は、職員が相当年限忠実に勤務して退職した場合と、公務傷病によって退職・死亡した場合とに年金を給付することが中心だから、国民年金制度とは別だよね。年金制度の中では、国民年金が基礎年金であって、共済制度による年金は厚生年金とともにいわばこの上乗せになるということだね。で、その上乗せ部分の年金制度の目的は、適当な生活の維持なんだね。ま、これは抽象的な理念だけど、年金問題は国としても大きな問題であることは御存知のとおり。４、国との間に権衡を失しないようにしなければならない。５、議員については独自に共済会が設けられているけど、団体職員は地方職員共済組合の組合員になる。

《参照条文》41〜43条、共済組合法
《正解》問１＝５、問２＝３

| 第6章 | 福利厚生 |
| --- | --- |

## 第20回 ●公務災害補償

労働者災害補償／公務災害補償／公務上の災害／通勤災害／地方公務員災害補償基金／補償内容／損害賠償との関係／適用関係

　ええと、吉原の話の続きになるけど、遊女になるにはみんなそれなりの事情があったんだろうね。
「つき出しをおじやうさまだとだれかい、」
　身売りで吉原に入った素人の娘は、訓練も受けずにそのまま店に出して客をとらせたらしく、これを突き出しと言ったという。名家だか大家だかが落ちぶれてお嬢様が身売りした、突き出しで見世に出たのを、家に出入りしていた者が見て騒ぎだした、というところだろうね。
　中には、吉原の外で春を売っていて、お上に召し捕えられて送られてきたものもいたらしい。吉原以外での営業は禁止されていたから、ときどき江戸市中掃討をやる、それで囚人として捕まえたものは入札（せり）にしてそれぞれの店に配分されたという。
「めし人をせりものにする五丁町」
　五丁町は、吉原の別名、当初、五丁に町割りがしてあったから。そのせりの売上は、吉原の共済基金として積み立てられたというんだけど、ほんとかどうか分からない、そうだとしてもどんな使われ方をしたのかね。いくら公娼といっても、病気になったときに補償をしたとは思えないものね。

### ◆労働者災害補償

　幸いなことに現代では、仕事で、病気になったとか、怪我をしたとか、運が悪いときには死んでしまったとか、なんていうことがあったときには、補償されるんだよね。民間の場合は、労災と言っているけど、労働者が仕事の上でこういう災害を受けた場合には労働者災害補償保険による保険給付が行われることになっている。この保険は国が管掌するもの

で、原則として事業主から保険料を徴収して、労働者を等しく保護しましょうという考え方だよね。

◆**公務災害補償**

　これの公務員版が、公務災害補償で、福利厚生の2番目となります。基本的な考え方は、一般の労働者の場合と同じで、公務員が、公務によって死亡したり、負傷したり、病気にかかったり、その結果で障害が残ったりしたら、その公務員か、その遺族か、その被扶養者に生じる損害を補償します、というもの。船員の場合は、これに行方不明の場合も含まれてくる。労災の場合と違うのは、保険制度という形ではなくて、国の場合は、国が直接補償責任を負う形になっている。事業主は国一つだけだから、わざわざ国の保険をつくる必要はないよね。で、地方の場合はどうするかというと、基金を作って、すべての地方公共団体がこれに加入しましょう、その基金が代わって補償をしましょう、ということになっている。いずれにしても、事業主、つまり使用者の無過失責任を負うという形になっているわけ。

　で、こういった補償が迅速かつ公正に実施されることを確保するために、必要な制度を設けるということを地公法で規定していて、かつ、その内容となるべき事項も4項目かかげられているんだけど、その内容は災害補償制度で規定されているから、後で見てみます。さらに、いつものことだけど、この制度は法律で定めること、その場合に、国の制度との間に権衡を失しないよう適当な考慮を払うこと、この2つが定められているんだね。

◆**公務上の災害**

　そこで問題になるのが、どういう災害が生じた場合に補償責任が発生するか、ということ。もちろん、死亡、負傷、疾病、障害といった災害が、公務上のものでなければならないことは当然だから、問題は、端的に言えば、何が公務上の災害だと言えるのか、という問題になるよね。そんなことは当たり前のことで、仕事をしている最中に病気や怪我をす

れば公務災害じゃないか、というほどコトは簡単じゃないんだな。たとえば、仕事をしている、と言っても、怪我をしたときにたまたまボケーとしていたらどうなるのか、たまたま地震が起きて物が当たったことによる場合はどうか、町内を回っていてたまたま私用の買い物をしているときに怪我をしたらどうか、仕事をしているとき腹痛を起こしたけど昨日の飲み過ぎのせいだったらどうか、その飲み過ぎが接待だったらどうか、特に最近問題になっている過労によると見られる自殺はどうか、なんだかんだと出てくるんだよね。

　そこで、基本的にはどう考えられているかというと、その災害と公務との間に相当因果関係がなければならない、というのが１つ。これは公務起因性と言われていて、公務があったから災害という結果が生じた、その関係はまあ普通の人の誰が見ても頷ける程度のものであればいい、というもの。もう１つは、公務遂行性と言われていて、要するに、任命権者が支配し、管理している公務に従事しているときに起きた災害である、ということ。自分で勝手に仕事の勉強をしていても、それは公務を遂行しているとは言えませんね、というわけ。

　という２つの基準があるんだけど、これだけでスッパリ切ることは到底できない、結局はこの制度の趣旨に照らしてみてのケースバイケースの判断になるんだよね。たとえば、自分で故意に怪我をしたとか、通常の勤務で天災地変によって受けた怪我とか、偶発的な事故によるものなんかは、公務上の災害とは認定されない、ということになっている。でも怪我は比較的分かりやすいけど、病気となると難しいよね。その人の体質とか生活とかが関係するし、病気をそもそも持っていれば公務で悪化したのはどの程度か判定しなければならないこともある。いわゆる職業病の認定も難しい問題だよね。

◆**通勤災害**

　公務上の災害とならんで、もうひとつ補償されるのが、通勤による災害なんだけど、この補償が認められるようになったのはそれほど古いこ

とじゃないんだな。公務に密接不可分な関係にあることと、現代の通勤事情とを考慮して認めた、と言われているんだね。ここで「通勤」というのは、「勤務のため、住居と勤務場所との間を、合理的な経路及び方法により往復すること」とされていて、たとえば、休日に往復しても通勤には当たらない、ホテルから出勤してもダメ、わざわざ遠回りしても該当しない、ということになるわけ。それから、いつも通る道をはずれたり、ちょっと一杯で途中にひっかかっても、それから先はやっぱりダメ。ただし、日常生活に必要な行為、たとえば夕食のおかずを買うために寄り道するのは、その寄り道分は別にして、まだ「通勤」の経路にいるとみられるんだよね。ちょっと分かりにくいかも知れないけど、まあ常識的な線だと思うね。

◆地方公務員災害補償基金

　こういった災害に対する補償を、迅速かつ公正に実施する、ということが要請されているんだけど、その実施機関として、地方公務員災害補償基金という法人があるんだよね。これは地方公共団体に代わって補償するという形をとっていて、費用は地方公共団体の負担金が主になっている。地方公共団体の負担金は、その団体の職種ごとの職員の給与総額に一定割合を掛けた額の合計だということになっています。事務所は東京にあって、都道府県と指定都市に支部が置かれていて、総務大臣が監督している。補償のほかには、リハビリテーションや遺族援護などの福祉事業も行うように努めることになっています。

◆補償内容

　この基金が行う補償には、次のような7種類があります。まず、公務傷病について療養をしたり、その療養の費用を支給したりする療養補償がある。次に、休業補償というのは、公務傷病で療養のために勤務できない場合で、給与が支払われないときに支給するもので、原則として平均給与額の60％となっている。傷病補償年金というのは、傷病が治っていないで、かつ、障害が継続している、というような場合に支給される

もの。障害補償というのは、傷病が治ったけれど障害が残ったという場合の補償で、程度に応じて一時金か年金が支給される。介護補償は、傷病や障害で要介護状態にあるときにその費用を支給されるもの。遺族補償は、公務で死亡した場合に遺族に対して支給されるもので、遺族の条件によって年金か一時金かになる。最後に、葬祭補償というのがあって、死亡した場合の葬祭費用という趣旨で支給される。支給の場合とその額は、細かく規定されているんだけど、それは省略。

　この補償額の基礎になるのが、さっき出てきた平均給与額なんだけど、これは通常は過去3か月間に支払われた給与総額を、その期間の総日数で割った金額であるのが原則です。つまり、日額なんだね。これに補償の種類によって掛ける率が決まっていて、それに必要な日数を掛ける、という方法で、具体的な額が決まるんだね。

　それから、割増額の補償を受けることができる場合があるんだよね。だって、仕事の内容が危険であれば、それ以外の職種とは違った扱いをしたっていいと思うでしょ。犯罪捜査の警察官、火災鎮圧活動の消防職員、麻薬取締員なんかがこれにあたります。この場合は最大50％が加算されることになっているんだよね。そうそう、船員についても特例を設けることができることになっています。

　補償は、補償を受けようとする者から請求します。基金は、それが公務による災害か、通勤による災害かを認定して、その任命権者に通知する。もし、その決定に不服があれば、基金の審査会に審査請求することもできるんだね。

### ◆損害賠償との関係

　この補償は、使用者としての無過失責任によるものだという話をしたけど、その内容には精神的損害とか物的損害は含まれていないんだよね。これは普通の損害賠償ならば対象にできるけれど、それには災害について何らかの過失や故意が介在しなければならないよね。そういう場合に、補償と損害賠償とはどういう関係にあるかというと、これは一応別もの

です、ということになっている。だから、原則は、補償を受けて、かつ、故意・過失があれば損害賠償も請求できるというわけ。

でも、同じ原因で二重取りみたいになるのはおかしいから、地方公共団体に損害賠償責任がある場合に、基金が補償したらその団体はその分賠償責任を免れる、反対に、損害賠償を受けたらその限りで基金の補償義務は縮小しますよ、ということになっている。だれかが損害賠償しなければならない場合に基金が補償したら、その価額の限度で、基金がその損害賠償請求権を取得する、ということにもなっています。こういう形で調整しているんだね。

◆適用関係

この基金による補償は、常勤の地方公務員が対象になっているんだよね。だから、一般職も特別職も含まれる。それから、常勤に準じた者も含まれる。じゃ、非常勤はどうなるかっていうと、一般的には条例で各地方公共団体が補償制度を定めなさい、ということになっている。内容は地公災や労災と権衡を失しないように、というもの。そのほかの非常勤では、船員には船員保険が適用になるし、消防団員や学校医などには特別法があります。

## まとめ

(1) **公務災害補償**（45条1項）＝労働者災害補償保険
  ・事由　公務による死亡、負傷、疾病、障害
  ・補償　その者、遺族、被扶養者の損害
  ・性格　使用者としての無過失責任（損害賠償との調整）

(2) **公務災害補償制度**（45条2～4項）
  ・目的　補償の迅速かつ公正な実施を確保する
  ・法律による制度　国の制度との間に権衡を失しない
　　　　　　　　　　＝地方公務員災害補償法

(3) **補償責任の発生する災害**
  ・公務上の災害＝公務起因性　公務と災害の相当因果関係
　　　　　　　　　　公務遂行性　任命権者の管理する公務に従事
  ・通勤による災害＝勤務のため、住居と勤務場所との間を、合
　　　　　　　　　　理的な経路及び方法により往復する間

(4) **公務災害補償基金**
  ・補償　療養補償／休業補償
　　　　　　傷病補償年金／障害補償（年金・一時金）／介護補償
　　　　　　遺族補償（年金・一時金）／葬祭補償
　　　　補償額の基礎＝平均給与額
　　　　特例＝特殊公務に従事する警察職員等→50％内の加算
  ・請求主義　基金による認定
  ・費用負担　地方公共団体の負担金
  ・福祉事業　社会復帰促進、遺族援護
  ・対象者＝常勤の地方公務員（特別職も含む）
　　　　非常勤職員→条例による補償制度
　　　　その他の特例　船員保険、消防団員、学校医等の特別法

**問1** 職員の公務災害補償制度に関する次の記述のうち、誤っているものはどれか。

1 公務災害補償制度は、公務による死亡、負傷、疾病、障害によって職員やその遺族が受けた損害を補償するものである。
2 公務上の災害とは、公務に起因する災害を意味するが、通勤による災害も補償される。
3 補償される対象は、療養や療養の費用、療養期間中の所得、所得能力損害、死亡による遺族等の損害となっている。
4 公務災害補償に要する費用は、使用者である地方公共団体と公務員とがそれぞれ半分ずつ負担する。
5 常勤の職員の公務災害は、地方公務員災害補償基金が補償するが、非常勤職員については各地方公共団体の条例の定めるところにより補償する。

**問2** 職員の公務災害補償制度に関する次の記述のうち、正しいものはどれか。

1 補償される公務上の災害には、職員の負傷、疾病、障害及び死亡のほか、被扶養者の負傷、疾病及び障害による要介護状態も含まれる。
2 補償される通勤による災害とは、職員が住居から勤務場所に至り、かつ、勤務場所から住居に至る、その実際の経路において生じる災害をいう。
3 災害の補償のうち、年金や一時金の算定は、その職員の災害発生の日における給料月額を基準として行う。
4 職員が死亡した場合には遺族補償と葬祭補償とが行われるが、遺族補償は遺族に対して、葬祭補償は葬祭を行う者に対して、それぞれ支給される。
5 生じた災害について地方公共団体が損害賠償の責めを負う場合

> において、基金が補償したときは、基金がその地方公共団体に対する求償権を取得する。

《**指針**》　災害補償制度は、共済制度と同じように、具体的には別の法律で定められているんだけど、その内容まで詳しく把握する必要はないと思うね。だから、地公法の基本的な制度の骨格と、それぞれの法律の重要な部分だけ把握できればいいんじゃないかな。もっとも、その重要な部分はどれかが分かりにくいかもしれないけどね。

　問１の１は制度の趣旨ということで、これは規定どおり。２もそのとおりなんだけど、地公法では通勤災害について何も言っていないんだよね。これは災害補償法で出てくる。でもこれは重要だよね。補償制度にはどのような事項を定めなければならないか、これは地公法に基本が規定されているんだよね。補償対象の４項目はその規定どおり。費用負担は災害補償法で決められていて、原則は地方公共団体と地方独立行政法人の負担金による。常勤と非常勤では、基金によるか条例によるかの違いがある。もっとも、常勤とほぼ同じ勤務態様の非常勤は基金の方に含まれてくるよね。

　問２はやや細かいかな。１の「災害」というのは、自然災害のようなことではなくて、負傷、疾病、障害、死亡なんだけど、あくまでも公務上のものだから、被扶養者（これも共済制度の言葉だけど）は関係ない。通勤災害は、住居と勤務場所の往復経路で合理的なものであることが必要で、実際の経路じゃない。補償は平均給与額を基準にするけど、これは災害発生の日前３か月の平均給与だね。４の補償の支給対象者はそのとおり。地方公共団体が損害賠償責任があるときに基金が補償したら、その分賠償責任はなくなる。基金に負担金を出しているからね。

《参照条文》45条、災害補償法１条・２条・31条・42条・49条・58条

《**正解**》問１＝４、問２＝４

# 第7章

## 利益保護

＊

第21回
勤務条件に関する措置要求
第22回
不利益処分に関する審査請求

| 第7章 | 利益保護 |
|---|---|

| 第21回 | ●勤務条件に関する措置要求<br>利益保護／勤務条件の適正の確保／措置要求制度／要求内容／審査機関／手続き等の定め／罰則による担保 |
|---|---|

　ええと、宮仕えというのは会社でも役所でもそうだけど、上司は偉い、というタテマエでできているんだよね。でも今の世の中はかなりドライなんだろうね、口答えみたいなことはしょっちゅうあるんじゃないかな。お言葉を返すようですが、とか言っちゃってね。
「口ごたへしおると言うが主のまけ」
　主は「しゅう」と読むんだそうで、要するに主人。町人の世界で主人は、衣食住すべてを恵んでくれるんだから、これは命の恩人、この人に口答えするなんてことは普通は考えられない。ところがたまにそういうことをするのがいたんだね。でもそれはよっぽどのことで、主人がどう考えても悪い、というときだから、主人の方も口答えを叱りながらうろたえてしまうというわけ。主人が理屈では負けているんだね。
　その後で口答えした奴がどうなったか、それは主人の器量次第ということなんだけど、現代では、勤務条件について文句を言いたかったらきちんと言いなさい、という制度ができているんだね。主人の器量を品定めするわけにはいかないけど、まあこういう制度の方が無難だろうね。

**◆利益保護**
　こういう制度というのは、利益保護と言われているもので、勤務条件に関する措置要求と、不利益処分に関する不服申立てとがあるんだよね。で、これは何度も出てきたように、労働基本権が制限されている公務員の勤務条件を適正に確保するという趣旨なんだな。労働基本権制限の代償措置、なんて言われている。
　措置要求と不服申立てはどう違うのか、というと、これからやるんだからやってみてのお楽しみ、なんだけど、簡単に言うと、措置要求とい

うのは、これからこうして欲しい、現状をこう改善して欲しい、という要求をするもので、不服申立てというのは、既に起こった不利益処分を事後的に救済する、というもの。措置要求は、いわば職員の経済的権利を支えるのに対して、不服申立ては職員の身分保障を支える、ということもできる。また、措置要求に対する判定は強制力を持たないのに対して、不服申立てに対する裁決や決定は強制力を持つ、という違いがあるんだよね。

### ◆勤務条件の適正の確保

まずは措置要求制度なんだけど、今まで見てきた中に、勤務条件に関するいくつかの原則があったよね。情勢適応の原則というのもあった、そうそう、均衡の原則、条例主義の原則なんていうのもあったよね。こういった原則は、すべて、勤務条件の適正さを確保することを目的としている、と言っていいよね。こういった原則を実際に職員に対して保障するための制度が、措置要求制度だ、ということになる。この制度は、個々の職員について、これらの原則の実効性を保障し、結果として職員全体の勤務条件の改善や適正化を図るものだ、というわけなのです。

### ◆措置要求制度

その制度の内容は、というと、職員が、勤務条件に関して、人事委員会あるいは公平委員会に対して、地方公共団体の当局により適当な措置が執られるべきことを要求する、というものなんだな。ま、これは条文そのものだけどね。

そこで、要求できるのは誰か、というと、これは職員、つまり一般職の地方公務員だということになる。これには限定がつかないから、みんな含まれちゃう。条件付採用期間中の職員も、任期付職員も、臨時的任用の職員もできるわけね。ただ、退職した職員は含まれない。あったりまえじゃないか、と思うかもしれないけれど、不利益処分の事後救済をする不服申立てでは、退職後であっても申立てができるようにしておかないと、利益保護に欠けることになるよね。これに対して措置要求では、

現在の状態を改善する、という目的をもったものだから、退職している人には認める必要がない、ということになる。そういう意味で単に当たり前ではなくて、理由も考えることが必要なんだな。

　もう一つ、ただし、地方公営企業職員と特定地方独立行政法人の職員と単純労務職員はこの措置要求をすることができません。なぜかというと、これらの職員は団体交渉権を持っているんだよね。だから、勤務条件についても、労使交渉をすることができるわけ。措置要求制度が、労働基本権の制限の代償措置だということを思い出してほしいんだな。で、措置要求に当たる苦情処理については、企業と組合で作る苦情処理共同調整会議というのがあたることになっています。

　それから、個々の職員に認められた権利だといっても、要求は1人でしなければならないというものでもない。何人かが共同して要求することができるんだよね。じゃ職員団体がやったって同じじゃないか、と言われるかもしれないけど、この制度の趣旨は個々の職員の救済を図るものだから、職員団体には認められていません。職員団体は、勤務条件について別に当局と交渉することが認められているから、そっちでいく、ということなんだよね。

◆要求内容

　措置要求の内容は、勤務条件に関して、当局によって適当な措置が執られること、ということになるね。この勤務条件というのは、別に限定されているわけではないから、たとえば職員団体が交渉できる対象事項としての「勤務条件」と同じなんだな。だから、給与や旅費、勤務時間・休日・休暇・休憩、時間外勤務・夜間勤務などの特別勤務、昇任・降任・配置転換、懲戒・分限・身分保障、福利厚生、安全衛生などと広い範囲のものが入ってくるよね。

　反対にどういうものが対象にならないかというと、当局——これは要するに何らかの措置をとることができる機関ということだけど——の権限に属さない事項は対象外となる。ま、これは、適当な措置をとるよう

に要求する制度なんだから、それこそ当たり前のことだけどね。たとえば、法律の制定改廃なんてことは地方公共団体ではできっこないから、当然入らない。それから、地方公共団体の、いわゆる管理運営事項も入らないとされています。でも、それが勤務条件に関わってくる限りでは対象になる、と解されている。たとえば、定員をどうするか、ということは、一般的には管理運営事項だけど、時間外勤務が多くて定員を増やしてもらえばその勤務状態が改善されるということならば、要求対象にもなってくる、というわけ。

◆**審査機関**

次に、どういうところに要求するのかというと、これは要求する人の属する地方公共団体の人事委員会か公平委員会。もっとも、県費負担教職員の場合は、任命権者の属する地方公共団体の委員会、つまり一般的にはその県の人事委員会とされています。人事委員会と公平委員会が、要求を受けて審査するから、審査機関ということになるわけ。措置要求が提出されると、これを受理した審査機関はこの事案を審査します。審査は口頭審理その他の方法によることになっているから、口頭審理だけでなく、書面審理でも、その両方の審理によっても、いいということになるよね。どの方法を採用するかは、審査機関が職権で決定することができるんだな。

審査をして、最終的な判断を下す、というのが、事案の判定という作業になる。判定は、要求に対して、何らかの行為をする必要があると認めるか、その必要はないとするか、いずれかになるよね。そして、する必要があるとした場合、その行為が自分の権限に属するものだったら自分で実行する、そうでない場合にはその権限をもっている機関に必要な勧告をする、ということになっている。

ここで注意してもらいたいのは、審査機関である人事委員会や公平委員会は、自分の権限に属する事項であればそれを実行する義務があると解されているんだけど、勧告を受けた機関は、これを実行しなければな

らないというわけではないということ。つまり、勧告内容を実施する法的な義務はない、というわけ。もちろん、法律に基づいて勧告がされているんだから、これを尊重しなければならないんだけど、それは道義的責任の範囲の問題だ、ということになる。違った言葉で言えば、勧告には強制力とか拘束力はない、ということなんだな。なぜそんな違いがあるのかというと、簡単に言うと、法律の規定の読み方から来ていて、委員会は「その権限に属する事項については、自らこれを実行しなければならない」となるけど、勧告の方は、委員会が「権限を有する地方公共団体の機関に対し、必要な勧告をしなければならない」となって、委員会に勧告義務がある、という規定のしかたをしているんだね。で、勧告を受けた方の機関の義務については何にも書いてないから、こういった解釈になってしまう。ま、でもそれぞれの権限と責任との関係で考えればしかたないことではあると思うけどね。

◆**手続き等の定め**

　この措置要求、審査、判定の手続きと、その結果とるべき措置に関しては、人事委員会規則あるいは公平委員会規則で定めることになっている。たとえば、措置要求は、要求書を提出してすること、要求書には、要求者の職・所属・氏名、要求すべき措置とその理由などを記載し、署名、押印すること、これを正副2通に必要な資料を添付して提出すること、などが定められている。書類が不備だったら却下されるけど、受理したら、審査機関は、調査して、関係当事者に対して要求されている措置を交渉するようにすすめるものとしています。つまり自主的な解決がまず第一だ、という姿勢なんだな。

　審査を終了するという事由は幾つかあって、最終判定のほかには、要求の取下げだとか、審査打切りなんかもあるね。最終判定が出されたら、書面で要求者に送達する。内容は、容認、棄却、一部容認などが考えられるね。判定の結果、ある機関に勧告する場合には、書面を送達するとされています。同時に、その書面の写しを要求者に対しても送達すると

いうことになっている。送達というのは送り届けるということ。

　このほか、規則では、審査方式、証拠調べ、審査の併合や分離といった審査の手続きを定めることになるだろうけど、こまごましたことはもっと細かい実施細則なんかに委ねられるだろうね。審査というと、どうしても裁判所の裁判手続のアナロジーになってしまうけど、まあこれはしかたないね。でも、この審査というのは、司法的な性格を持つものではなく、もちろん、準司法的な機能ではあるけれども、行政的な苦情処理のようなものだと言っていいから、たとえば証拠調べでも、強制権限をもって調べるということはできないんだよね。

◆**罰則による担保**

　全体に、措置要求制度は強制的な力をもっているものではない、ということが理解できるだろうけど、実際の影響力はあるわけで、だから措置要求されては困るからあれこれと干渉が起こる、ということも考えられるよね。そうなると、この制度の実効性は失われてしまうおそれがあるから、何らかの担保措置を講じましょう、ということになる。これが罰則として表れているわけで、措置要求の申し出を故意に妨げた場合には、3年以下の懲役又は100万円以下の罰金に処する、となっているんだな。この刑はかなり重いと言っていいでしょう。さらに、この妨げる行為を、企てる、命じる、故意に容認する、そそのかす、幇助する、といった行為も同じように罰せられることになっている。だから安心して措置要求をして下さい、というのが法の言い方だね。

## まとめ

(1) **利益保護**（46条〜51条の２）
　　　勤務条件に関する措置要求　…職員の経済的権利の支え
　　　不利益処分に関する審査請求…職員の身分保障の支え
　　　　労働基本権制限の代償的措置

(2) **措置要求制度**（46条）
　　　勤務条件の適正の確保──個々の職員の保障
　　　・職員（条件付採用、臨時的任用も含む。複数でも可）
　　　　（不適用＝企業職員・単純労務職員等…苦情処理共同調整会議）
　　　・勤務条件に関し
　　　　（対象外…当局の権限に属さない事項、管理運営事項）
　　　・人事委員会、公平委員会に対し
　　　・当局により適当な措置が執られるべきことを要求

(3) **審査機関の審査**（47条）
　　　・口頭審理その他の方法による審査
　　　・事案判定（何らかの行為をする必要があるかどうか）
　　　・自ら実行又は権限を有する機関へ勧告（強制力なし）

(4) **人事委員会・公平委員会の規則**（48条）
　　　手続…要求書の提出、執るべき措置に関する事項の記載、資
　　　　　　料提出、関係当事者の交渉等
　　　　　　最終判定・勧告内容の書面送達
　　　　　　その他、審査方式、証拠調べ、審査の併合・分離等

(5) **罰則**（61条５号・62条）
　　　措置要求の申出を故意に妨げた者
　　　妨げる行為を企てる、命じる、故意に容認する、そそのかす、
　　　幇助する

**問1** 職員の勤務条件に関する措置要求についての次の記述のうち、正しいものはどれか。

1 職員の勤務条件は適正に確保されなければならないが、そのために職員が個別に自分の勤務条件について何らかの措置を要求することは認められていない。
2 措置要求は、勤務条件に関して適当な措置がとられるべきことを任命権者に対して要求することができるとする制度である。
3 措置要求の対象である勤務条件は、範囲が広く、給与、旅費、勤務時間、休日・休暇、執務環境の改善、福利厚生などが含まれる。
4 企業職員についても勤務条件に関する措置要求の権利は認められている。
5 措置要求について、審査機関が、権限を有する機関に必要な勧告をした場合には、その機関は勧告内容を実施する義務を負う。

**問2** 職員の勤務条件に関する措置要求についての次の記述のうち、誤りはどれか。

1 人事委員会又は公平委員会は、要求の事案について、口頭審理その他の方法による審査を行って、事案を判定する。
2 人事委員会又は公平委員会は、事案により是正措置を自ら行うことが適切であると認めるときは、任命権者に通知して、当局に代わって当該措置を実行することができる。
3 人事委員会又は公平委員会は、事案の判定の結果に基づき、当該事案に関係する地方公共団体の機関に対して必要な勧告をしなければならない。
4 職員の執務について行う人事評価は、ある期間の勤務成績を評価し、これを人事管理の基礎として活用するものであるから、勤務条件には該当せず、措置要求をすることができない。

5 　勤務条件に関する措置要求の申出を故意に妨げた者に対しては３年以下の懲役又は100万円以下の罰金が科せられる。

《指針》　問1の1、措置要求制度は、基本的には職員個人がその勤務条件について何らかの措置を求めることを認めるものだよね。もちろん、複数でやっても構わないけどね。反対に、職員団体には認められていない。2、措置要求は、任命権者ではなく、人事委員会又は公平委員会に対して行うものだね。3、措置要求の対象である勤務条件の範囲は広いけど、問2にあるような人事評価はこれに含まれない、と解されているんだよね。4、企業職員と特定地方独立行政法人の職員と単純労務職員については、この制度は適用にならない。5、人事委員会や公平委員会が、措置要求の事項に関して権限を持つ機関に勧告した場合、その勧告は強制力を持っていないから、その機関に勧告内容を実施する法的な義務はないんだよね。

　問2の1、記述どおり。審査の方法は、口頭審理が適当かもしれないけど、これに限られない。といってもほかには書類審理くらいしかないだろうけどね。2と3、人事委員会又は公平委員会が自ら行うことができるのは、自らの権限に属する事項についてであって、他の機関が権限を持っている事項についてはできない。これは当然だよね。そのために勧告権があるんだよね。で、この勧告は、事案の判定の結果必要だと思えば、しなければならない。権限であると同時に義務でもあるんだね。4の勤務条件は問1で説明済みだけど、人事評価そのものは、人事管理の基礎とするものであって、それによって直ちに勤務条件を変更することになるわけじゃない、だから勤務条件には該当しない、という考え方なんだね。5は条文どおり。

《参照条文》46条〜48条・61条5号、地公企法39条、地独法53条
《正解》問1＝3、問2＝2

## 第7章　利益保護

### 第22回　●不利益処分に関する審査請求

行政上の救済手続／不利益処分／不利益処分説明書／審査請求をする者／審査請求／請求期間／審査手続

　ええと、夫婦の仲くらい分からないものはないっていうけど、ダメとなるともうどうしようもないってことくらいは誰でも分かるよね。
「仲人も是迄なりや犬とさる」
　仲人も、仲裁はもうこれまでだ、と言っているんだけど、「是迄なりや」は、謡曲「春日竜神」の一句で、竜神さまが明恵上人の入唐をやめさせようといろいろと幻術を使ったけど種が尽きてしまった、そのときのせりふが「ことごとく終わりて、これまでなりや」だというんだな。
　で、離縁、となるんだけど、昔はタテマエ上女性の方から離婚することができなかったから、女房から強引に離縁しようとすれば、駆け込み寺に駆け込むしかなかった。縁切寺ともいったけど、駆け込んでしまえば、もう誰も手を出すことはできないっていうわけ。もちろん、どんな寺でもいいというわけではなくて、江戸初期には比丘尼寺だったのが、だんだん特定の寺、たとえば鎌倉の東慶寺などに限られていったらしい。ついでに言えば、江戸時代では駆入寺と呼んだという。
　もっとも、駆け込めばすぐに離婚になるかというとそうではなくて、２年とか３年とかその寺に奉公することが必要だったらしいんだね。時代が下ると、寺から夫側の方に離縁状、いわゆる三行半(みくだりはん)を出すように斡旋して、まあだいたいはこれで切りがついたらしい。
　こういう制度は、犯罪人などが逃げ込むと追手はそれ以上追及できないという、いわゆるアジールの制の一種で、昔は東西を問わずあったんだね。中世ヨーロッパでは、その場所が橋やその上にある小屋だとか、水車小屋だとか、いろいろあったという。
　こういう救済の手段というのは、何時の世にも必要で、地方公務員の

世界でも事情は同じだろうね。そこで、今回は不利益処分に関する審査請求の制度を見てみよう、という次第。

◆**行政上の救済手続**

　公務員は身分が保障されている、と言ったところで、そう法律に書いてあるというだけでは、実際にどうなるの、という話になるよね。人事権を持つ者が聖人君子ならいざ知らず、あ、聖人なんかになると常人の感覚とまったく違ったことをやりかねないからもっと大変かもしれないけど、まあ納得のいかない処分をすることは充分ありうるよね。そこで、その身分保障を実質的に担保する手段を設けなければならない、ということになるんだね。そういう手段として法律がふつう考えるのは、まずは罰則、次に訴訟なんだけど、もうちょっと簡単にできる方法はないのかな、ということで行政不服審査としての救済が考えられた、というわけ。これが、審査請求という制度なんだな。

◆**不利益処分**

　身分保障の実効性を確保する、ということで考えれば、どういう場合に救済できるようにすればいいかというと、職員が不利益を被った場合だろうね。利益になることをされたからと言ってまさか審査請求をすることはないだろうし、その必要もないもんね。では、どういうことがあったときに審査請求を認めるのか、という問題が出てくるんだけど、これは、不利益処分、つまり「懲戒その他その意に反すると認める不利益な処分」だとされている。

　ここでまず「処分」というのは、法律的な処分を意味するわけで、何らかの法的な行為で職員に直接法的効果を生ずるようなものなんだね。だから、事実上の行為である訓告なんかは、法的な効果を生じさせるものではないから、処分には当たらないということになる。次に、その処分が職員にとって不利益で、その意に反するものだということが必要になるんだけど、懲戒処分がこれに当たるということは明確だね。懲戒処分の内容を考えればまあ当然だものね。そのほかには、分限処分でもこ

れに該当するものがあるし、任用のうちの転任やいわゆる職種転換でもたとえば左遷といえるようなものは含まれるだろうね。でも、実際にはいろいろな形態があるから、結局は個々の処分ごとに、不利益かどうかを判断せざるを得ないんだよね。あ、不利益であっても、その意に反していない場合はどうするか、というのは、観念的にはあり得るけど、実際にはそういう人は審査請求をしないから、問題にする必要はない、ということになるんだね。

### ◆不利益処分説明書

その不利益処分をするのは任命権者だから、任命権者は処分をするときに、説明書を交付しなければならない、とされているんだよね。説明書には不利益処分の事由を記載することになっているから、受ける方はどういう理由でこういう処分を受けたのかハッキリする、というわけ。それから、説明書には、この処分に対して審査請求ができるということ、その審査請求ができる期間も記載しなければならないから、不服だというときはどう対処したらいいか、一応のことは知らされるわけだよね。ところが、任命権者は不利益処分だとは思わずに、説明書を交付しないで処分した、でも受ける方はこれは不利益処分だと受け取る、そういう場合もありうるよね。そういう場合には、処分を受けた職員から、不利益処分だと思うから説明書を出してくれ、と言えるんだよね。そういう請求をしたら、任命権者は、請求を受けた日の翌日から起算して15日以内に説明書を交付しなければならない、ということになる。

なんでこんなことをするのかというと、1つには、不利益処分がどういう理由でされたのか分からなければ、どういう理由で審査請求をしていいか対応の仕方が分からないでしょ。それから、それが不利益なのかどうかという認識の問題もあって、争えるものなのかどうか判断する、ということもあるだろうね。要するに、何でこうなるの、という理由は明確にしましょう、それがお互いのためでしょ、それがフェアなことだ、ということだろうね。

◆**審査請求をする者**

　で、誰が審査請求できるかというと、その意に反すると認める不利益処分を受けた職員、ということになる。これは当たり前のことではあるけど、ちょっと注意が必要なんだな。思い出してもらいたいんだけど、身分保障が適用されない職員というのがあったよね、そうそう、条件付採用と臨時的任用という2つ。だから、これに該当する職員は、審査請求できないのです。もう1つ、地方公営企業の職員と特定地方独立行政法人の職員といわゆる単純労務職員にもこれは認められていないんだけど、これは労働基本権が原則として認められているから、そちらの方でいきます、というわけ。つまり、この審査請求も、労働基本権制限の代償措置の1つという性格があるということなんだね。

　それから、職員ということは、現職の職員を意味しているから、退職した人は原則として審査請求をすることは認められない。普通はそれでいいんだけど、じゃ免職処分を受けた人は審査請求ができないのっていうことになるでしょ。それはやはりおかしいから、免職処分については、その処分を受けた人も、審査請求ができる職員に含まれます、ということになっているんだよね。

◆**審査請求**

　さっきから審査請求って言っているけど、それどういうことなのっていう質問がそろそろ出そうだから、それを説明しておきましょ。

　任命権者などのした処分に不服があるから、それを変更してくれ、という申し入れをすることが、審査請求なんだけど、それはどこに言うのかというと、人事委員会か公平委員会なんだね。この審査請求に対しては、最終的に「裁決」がされます。ちょっと付け加えておくと、行政不服審査法が一新されて、それまで不服申立てという制度の中に、異議申立てと審査請求という2本のルートがあったんだけど、審査請求に一本化されたんだね。これに対応して地公法も審査請求だけになっています。

　審査請求できるのは不利益処分についてだ、ということになっている

けど、これは、不利益処分以外の処分については審査請求はできない、ということも意味しているんだよね。同時に、何かを人事機関などに申請したけど返事がない、というような不作為についての審査請求もできない、ということなんだね。つまり、処分がないことについて審査請求をすることはできない、ということ。

◆請求期間

この審査請求は、できる期間が決められていて、処分があったことを知った日の翌日から起算して3月以内にしなければならない。処分を知らなかったとしても、処分があった日の翌日から起算して1年以内にしかできない。もちろん、この期間はさっきの不利益処分事由説明書にも記載されているはずだけどね。

◆審査手続

審査請求があって、委員会がこれを受理すると、直ちに審査を開始しなければならないことになっていて、その手続は行政不服審査法に則って進める、というのが一応のタテマエになっています。ところが、この法律は、本来行政庁の違法な処分や不当な処分などについて一般国民の権利や利益を救済する目的でできているものだから、公務員の不利益処分そのものを念頭においているわけじゃない。だから、不利益処分にについては少し特例が設けられているんだよね。

その1つは、手続そのものは、行政不服審査法の定める手続にはよらないで、だいたいは人事委員会規則・公平委員会規則で定めることにしていること。もう少し詳しく言うと、この審査請求は、「行政不服審査法による審査請求」という法的な性格なんだけど、行政不服審査法の総則、再審査請求といったところの規定だけが適用されて、審査請求の中心になっている規定は適用されないんだよね。でも、実質的には、委員会規則で定めることで、だいたい同じような扱いになっている、と言っていいね。ただし、審査は、職員から請求があれば口頭審理をしなければならないし、その口頭審理も、職員の請求があれば公開しなければな

らない、という大事な点は地公法そのもので規定されている。それから、委員会は、審査において証人を喚問し、あるいは書類やその写しの提出を求めることができます。その違反に対しては、3年以下の懲役又は100万円以下の罰金という罰則が定められていて、委員会のこの権限が法的に担保されているんだね。

　2つは、審査手続の事務は、最終結論の裁決を除いて、必要があれば、人事委員会の委員や事務局長、公平委員会の委員に委任することができる、とされていること。もちろん、最終結論は、委員会としての意思決定だから、合議によって出さなければならない。

　3つは、最終結論はどのようになるかというと、元の処分を承認する（つまり審査請求は理由がない）、元の処分を修正する、あるいは元の処分を取り消す、の3つがあるわけだけど、このほかに、元の処分によって職員が受けた不当な取扱いを是正するための指示をしなければならない、とされていること。たとえば、減給処分が取り消されたという場合だったら、任命権者に対して、職員がその間受けるはずだった給与を回復するための措置をとるように指示するということだね。

　4つは、もちろん、元の処分については訴訟を提起することはできるんだけど、その訴訟は、この審査請求をして、裁決を受けてからでなければできません、ということ。審査請求前置主義なんていっているけどね。あ、それから、この訴訟は行政事件訴訟として行われることになります。

## まとめ

(1) **不利益処分に関する審査請求**
　　　身分保障の実効性担保＝行政上の救済手続
(2) **不利益処分**＝懲戒その他その意に反すると認める不利益な処分
　　　処分＝法的な行為、職員に直接法的効果を生ずるもの
　　　不利益＝実質的な判断
(3) **不利益処分の際の任命権者の義務**
　　　説明書の交付（49条）
　　　　処分の事由、審査請求ができる旨、審査請求期間を記載
　　　　職員の説明書交付請求権→請求を受けた日から15日以内
(4) **審査請求**（49条の2、49条の3）
　　・行政不服審査法による審査請求
　　　　審査請求　　→裁決
　　・請求権者＝不利益処分を受けた職員
　　　　条件付採用、臨時的任用、企業職員等を除く
　　　　退職者を除くが、免職処分を受けた者は含む
　　・請求機関＝人事委員会・公平委員会
　　・対象処分＝不利益処分（申請に対する不作為は対象外）
　　・請求期間＝処分があったことを知った日から3月以内
　　　　　　　　処分があった日から1年以内
(5) **審査**（50条）
　　・申立ての受理→事案の審理（請求があれば口頭・公開も可）
　　・裁決＝処分の承認／修正／取消
　　　　必要がある場合は不当な取扱いを是正するための指示
(6) **訴訟**（51条の2・行政事件訴訟法）←審査請求前置主義

**問1** 職員の不利益処分に関する審査請求についての次の記述のうち、誤りはどれか。

1 不利益処分に関する審査請求の制度は、職員の身分保障のために設けられた行政上の救済手続である。
2 不利益処分とは、懲戒その他その意に反すると認める不利益な処分とされるが、任命権者が不利益と認定したものに限られる。
3 任命権者は、不利益処分を行う場合には、処分事由を記載した説明書をその職員に交付しなければならない。
4 審査請求は、免職処分を受けて職員でなくなった者でも、その処分についてすることができる。
5 人事委員会又は公平委員会は、審理の結果に基づいて、処分を承認し、修正し、又は取り消し、さらに、必要がある場合には任命権者に対し不当な取扱いを是正するための指示をしなければならない。

**問2** 職員の不利益処分に関する審査請求についての次の記述のうち、正しいものはどれか。

1 職員は、その意に反して不利益な処分を受けたと思うときは、処分事由を記載した説明書の交付を請求することができる。
2 不利益処分を受けた職員は、処分があったことを知った日の翌日から起算して15日以内に審査請求をすることができる。
3 不利益処分に関する審査請求は、人事委員会又は公平委員会に対して行うが、任命権者の権限に属する事項については任命権者に対しても行うことができる。
4 人事委員会又は公平委員会が不利益処分に関する審査請求を受理したときは、その日の翌日から起算して3月以内に審査を開始しなければならない。
5 審査請求の審査においては、処分を受けた職員から請求があっ

たときは口頭審理によらなければならないが、この審理は非公開にしなければならない。

《指針》　不利益処分に関する審査請求制度は、措置要求制度と対比して整理しておくことがポイントだね。

　問1の1は、審査請求制度の趣旨で、準司法的な機能を持っているけれども、性質は行政上の救済手続だよね。で、基本的には身分保障の一環なんだね。不利益処分とは、その意に反すると認める不利益な処分だけれど、本人が不利益と思えばこの制度の対象になってきます。本人の利益保護の制度なんだから、処分する方の認識だけに基づいたら困るんだよね。だから、任命権者の方がその意に反する不利益処分だと考えたら、説明書を交付しなければならないし、そう考えなかった場合でも本人がそのような認識なら説明書の交付を請求する、ということになるんだね。そして、この制度は本人の利益保護だから、免職処分を受けた職員については、免職後でも審査請求ができなければおかしいことになるし、審査請求を受けた人事委員会又は公平委員会は、審理の結果、元の処分の承認・修正・取消の処分と同時に、必要と考える措置を指示することになるんだね。

　問2の1は説明したとおり。2は3月以内にする。3は、人事委員会又は公平委員会に対してのみ行うことができる。4は、審査請求を受理したときは、直ちに審査しなければならない、となっていて、期間が定められているわけじゃない。5は、請求があれば公開となる。

《参照条文》49条〜51条の2、なお人事委員会規則の準則を参照。
《正解》問1＝2、問2＝1

# 第8章

## 労働基本権

---

第23回
職員団体
第24回
団体交渉と在籍専従

## 第8章　労働基本権

### 第23回　●職員団体
労働基本権／職員団体／職員団体の登録／登録要件

　ええと、江戸の昔に仲間や組といった団体を作ることがあったかというと、ないことはないんだね。たとえば株仲間というのがあって、これは特許営業権である株を持っている商人の団体なんだな。湯屋もそうだったし、両替仲間とか札差仲間も有名でしょ。旗本御家人の蔵米を取り扱う札差は、八代将軍吉宗の時に幕府から公認されて、そのときは百九軒あったという。そこで次の一句。

「百九軒ながらが留守といふ所」

　札差は旗本御家人の蔵米を担保に金を貸し付けてその懐を牛耳ってしまうわけで、困窮した武士の方はなんとかしてもらおうと頼みに行っても、みんながみんな居留守をつかって門前払いになっちゃう、という情けない句なんだな。コメ本位の幕藩体制がカネ本位の商業資本主義に浸食されて終末を迎える、という歴史の流れが感じられるでしょ。

　なんて大袈裟な話になったけど、今回は、同じ団体でも現代の地方公務員が作る団体の話。

### ◆労働基本権

　もう何度も出てきたんだけど、公務員は労働基本権が制限されているよね。で、まずこれを整理しておくと、労働基本権というのは憲法28条で勤労者の権利として保障されているわけ。その裏には、生存権というのがあるし、また、勤労の権利というのもあるんだよね。要するに、働いて、それによって自らの生存を確保していく、それによって最低限の生活は保障されなければならない、という思想だよね。それを実際に保障するのは、労働者側からすれば、使用者に対して団結し、団体交渉をし、もし必要ならば団体として行動する、つまり一定の範囲での実力行

使ができる、という権利なんだね。

　ところが、公務員は、全体の奉仕者であるというその地位の特殊性と職務の公共性ということから、この基本権がある程度制限されなければならない、というわけね。別の言葉で言えば、公共の福祉との調和・調整を図らなければならない、ということだね。ところが、制限されるといっても、一律にすべて制限されるというわけではなくて、まあ、そんな制限をすればちょっとやりすぎということになるんだけど、調和・調整という以上、職種に応じて決めましょ、ということになっている。

　どういうふうになっているかというと、公営企業職員、特定地方独立行政法人の職員やいわゆる単純労務職員は、団結権と団体交渉権は保障されているけど団体行動権つまり争議権はない。これはその職務内容が民間企業と類似しているから、という理由なんだね。もう少し詳しく言うと、単純労務職員の場合は、職員団体という形でも労働組合という形でも、どちらでも可能だという違いがある。それから、一般独立行政法人の場合は民間並みだから、制限はありません。

　次に、警察職員と消防職員は、これは公共の秩序と安全の維持を職務とするもので高度の規律を要するものだから、基本権はすべて否定されているんだよね。もっともこの点についてはいろいろ問題があって、少なくとも消防職員の団結権は認めるべきだ、というのが国連サイドの勧告なんだな。もっとも、これらの職員の団体結成・加入が制限されるのは、この観点からであって、ということはつまり、勤務条件の維持改善を図ることを目的とし、かつ、当局と交渉する団体以外の団体なら、結成・加入することは認められることになるんだね。だから親睦・友好団体なら構わないということ。

　そしてそのほかの一般行政職員と教育職員については、団結権は一応職員団体という形で認められていて、団体交渉権はいわば半分認められている形になっている。というのは、交渉はできるけど団体協約を結んで勤務条件を決定することはできない、という意味。争議権はもちろん

認められていないよね。

で、現在のところ、行政改革の一環として、公務員制度の見直しをしましょうということになっていて、その見直し事項として、公務員の身分保障が挙げられていて、これと裏腹の関係にある労働基本権の制限も検討しなおしましょう、という方向にあったんだね。どの程度の見直しをするのかは不明だけれど、これはそう簡単なことではないことだけは確かだな。

## ◆職員団体

そこで、団結権の保障である職員団体というのはどんなものかというと、まず、職員が組織する団体またはその連合体であるということ。職員が組織する、ということは、職員が主体になっていればよい、と解釈されていて、だから、職員以外の人が加入していてもいいということになるんだよね。ただ、後でまた問題にするけど、職員団体として登録するには、原則としてその地方公共団体の職員だけで構成しなければならない、ということになっている。つまり、職員団体ということでは他者が入っていてもいいけど、登録団体ということでは、他者が入っていてはいけない、というわけ。なぜかって言うと、団体の目的とも関係するんだけど、職員団体は勤務条件について交渉するわけで、その勤務条件はその地方公共団体の条例で定めることになっているんだから、その地方公共団体の職員でなければおかしいでしょ、ということなんだな。

ちょっと先走っちゃったけど、この職員には、警察職員と消防職員は含まれません。つまり、警察職員と消防職員が入っていると、ここでいう職員団体という法律上の地位はありませんよ、ということになる。それから企業職員と特定地方独立行政法人の職員は労働組合を結成できるから、これも職員団体には入れないんだな。

もちろん、職員団体を組織することができる、とは言っても、職員団体を結成しなければならない、というわけじゃない。職員は、職員団体を結成することも、結成しないことも、加入することも、加入しないこ

とも、さらに、脱退することも、脱退しないことも、強制されない。要するに自由なんだな。ということは、加入していてもしていなくても、勤務条件はまったく同じに適用されるということを意味するよね。別の面からすれば、職員団体への加入や脱退と、職員としての採用や退職とは全く別で、リンクさせてはいけない、ということも意味するわけだね。労働法では、これをオープン・ショップ制という、念のため。

　もう1つ、職員団体であるためには、管理職員等とそれ以外の職員とは同じ職員団体を組織することはできない、ということがある。管理職員等というのは、管理的地位にある職員、監督的地位にある職員、機密事務を扱う職員、その他職員団体との関係において当局の立場に立つ職員、ということになっているけど、具体的には、人事委員会または公平委員会の規則でその範囲を決めることになっている。これは、管理職員等の団結権を否定するわけでなくて、その立場がそれ以外の職員と対立する関係になりやすいので、職員団体としては別々にしましょう、というものなんだね。とにかく、一緒になっていたら、地公法にいう職員団体ではないよ、ということになっている。

　そこで、その職員団体というのは、どのような目的で組織されるかというと、職員の勤務条件の維持改善を図る、ということになっている。これ以外の目的で組織されたもの、そしてその活動がこれを目的としないものであれば、それは職員団体ではないということになるわけ。

　もちろん、これは本来の目的としてそういうものをもっている、ということであって、副次的目的を持ってはいけない、というわけではないよね。たとえば、社会的、文化的な目的を持ち、そのような活動もしていたとしても、本来の目的が勤務条件の維持改善であれば、職員団体としての性格は否定されない。

　そこでよく問題にされるのは、政治的な目的、活動はどうなるの、ということなんだけど、法律上は何にも言っていないんだよね。だから、それは職員や職員団体の法律上の性格から考えてどうなるか、というこ

とになるんだろうね。公務員である以上、政治的な中立が要請されるから、ある特定の党派を応援するようなことはできないことが多いだろうし、反対に、その本来の目的からして必要だと思われる範囲での政治的な（と評価される）行為はある程度許容される場合もあるんだろうね。

◆**職員団体の登録**

で、このような職員団体は、条例で定めるところによって、人事委員会または公平委員会に登録することができるということになっている。なんでわざわざ登録なんてことをするかというと、登録によって、職員団体としての利便が与えられることになるわけ。どういう利便かというと、第1に、この登録職員団体から交渉の申入れがあれば、そしてその交渉が適法ならば、当局はこれに応じなければならない、ということがある。法文では「応ずべき地位に立つ」と言っているけど、実質は応ずる義務を負うということだ、と解釈されているんだな。

第2に、法人となることができる、ということ。法人になるには、その登録をした人事委員会または公平委員会に、法人になりますよ、ということを申し出ればいいんだよね。法人になると、権利義務の主体になることができるから、たとえば、職員団体名で財産を所有することができるし、銀行口座なども開設することができる、ということは御存知のとおり。ちょっと注意してほしいのは、申出によって法人となるから、登記はそのために必要というわけじゃない。登記は対抗要件なんだね。

このほかに、登録団体となれない地方公務員の職員団体や連合体は、規約について人事委員会または公平委員会の認証を受けて、その主たる事務所の所在地で登記することによって法人格を取得する、という別の道もあるんだね。この場合は登記によって法人になるわけで、このことについては、職員団体等に対する法人格の付与に関する法律というのが定めているんだね。認証の要件は、ほとんどこの職員団体の登録要件に似ているけど、構成員がその地方公共団体の職員に限るという要件はない、会計報告が公認会計士などの監査証明とともに少なくとも年1回構

成員に公表されることが要請される、といった違いがあります。
　第3に、職員の在籍専従が一定の範囲において認められるということ。登録団体以外の職員団体では、職員という身分を持ちながら、職員団体の活動に専従することができない、つまり職務専念義務を免除されるというわけにはいきません、ということなんだね。

◆**登録要件**

　なぜ、登録するとそんな利便が与えられるかというと、これは登録要件とも関係するんだけど、職員団体が自主的・民主的なものであることを公証して、安定的な労使の信頼関係の確立に資する、なんて説明されている。分かりにくいけどね。
　で、登録要件の第1は、名称、目的と業務、構成員の範囲と資格、役員、会議と投票、連合などについて定めた規約を持つということ。第2は、規約の作成・変更や役員選挙といった重要な意思・人事は、構成員の平等・直接・秘密の投票において過半数の多数で決定されるということ。つまり、民主的な意思決定手続を持つということ。第3に、職員団体が、その地方公共団体の職員だけで構成されるということ。以上3つの要件が必要なんだな。
　ただ、第3の要件については例外があって、免職処分を受けて1年以内かまだ係争中の者は、構成員としていてもいいよ、ということになっている。まあこれはよく分かるよね。それから、役員については、現に職員でなくてもよい、そういう役員の就任を認めている職員団体は、それで結構ですよ、ということなんだな。
　登録は、役員の氏名など条例で定める事項を記載した申請書に規約を添えて、申請することになっているんだけど、要件に合致していれば登録され、その旨が通知される。で、その後で、もしも適格性がなくなってしまったら、60日以内の登録の効力停止か、登録取消ということになる。もっとも、そのための手続きは踏まなければならないけどね。

**(1) 労働基本権（憲法28条）の制限**
　　　基本権＝団結権・団体交渉権・争議権（団体行動権）
　　　一般行政事務職員・教育職員＝団結権・部分的な団体交渉権
　　　　　職員団体として認められる
　　　警察職員・消防職員＝団結権もなし
　　　企業職員等・単純労務職員＝団体交渉権まで（争議権なし）
　　　　　労働組合（単純労務職員は職員団体も可）

**(2) 職員団体**（52条）
　　　職員が組織する団体・その連合体（職員以外の者も可能）
　　　職員の勤務条件の維持改善を図る目的
　　　警察職員と消防職員は加入できない、企業職員等も同様
　　　管理職員等との分離
　　　結成、加入、脱退等の自由（オープンショップ制）
　　　副次的目的…社会的・文化的な活動・（政治的目的・活動）

**(3) 職員団体の登録**（53条）
　・登録機関　人事委員会・公平委員会
　・登録要件　名称等一定の事項について定めた規約を持つ
　　　　　　　重要な意思決定につき民主的手続きを有する
　　　　　　　同一地方公共団体の職員で構成
　・登録効果　適法な交渉申し入れに対する応諾義務（55条）
　　　　　　　法人格取得可（職員団体等法人格付与法）
　　　　　　　　登録できない団体は規約について委員会の認証、
　　　　　　　　登記によって法人格取得可能
　　　　　　　在籍専従可（55条の2）
　・要件喪失　登録の効力の停止・登録取消

**問1** 職員団体に関する次の記述のうち、正しいものはどれか。

1 地方公共団体の職員のうち、警察職員と消防職員は労働基本権が認められていないが、その他の職員は等しく団結権と団体交渉権が認められている。
2 職員団体は、職員の勤務条件の維持改善を目的とする団体であり、これ以外のいかなる活動もすることができない。
3 管理職手当を受ける職員は、いかなる職員団体にも加入することができず、これらの職員が加入した団体は適法な職員団体ではなくなる。
4 職員団体が人事委員会または公平委員会に登録をすると、当局はその適法な交渉の申し入れに応ずべき地位に立つ。
5 職員団体が法人格を取得するためには、人事委員会又は公平委員会に登録された職員団体である旨を証する書面を添えて、法務局に申請しなければならない。

**問2** 職員団体に関する次の記述のうち、誤りはどれか。

1 職員は、職員団体を結成し、若しくは結成せず、又はこれに加入し、若しくは加入しないことができる。
2 職員団体が登録するには、理事その他の役員の氏名及び所定の事項を記載した申請書に規約を添えて人事委員会又は公平委員会に申請しなければならない。
3 職員団体が登録されるためには、規約の作成又は変更、役員の選挙その他これらに準ずる重要な行為が、構成員が平等に参加する直接かつ秘密の投票による過半数によって決定されることを必要とする。
4 職員団体が登録されるためには、原則として同一の地方公共団

体に属する職員のみをもって組織されていることを必要とする。
5　登録の要件に適合しない職員団体は、いかなる場合であっても法人格を取得することはできない。

《指針》　問1の1は、職員の種類による労働基本権制限の差の問題。警察職員と消防職員は団結権もないから、認められていないと言っていいね。一般の職員は団体交渉権も制限されているけど、企業職員等はこれが認められている。2は職員団体の目的だけど、社交的・厚生的な活動や文化活動も行えるよね。3は管理職員等はそれ以外の職員と同一の職員団体を組織することができないし、一緒になったら地公法上の職員団体ではなくなるけど、その団結権を否定されるわけじゃない。いわば管理職員団体を結成することができるし、その職員団体も適法なものになりうるんだよね。4は登録職員団体のメリットだから、そのとおり。5は法人格の取得手続だけど、登録した職員団体ならば、人事委員会か公平委員会に法人となる旨を申し出ればいいんだよね。もちろん、登記はしなければならないけれど、それは対抗要件としてなんだな。

　問2の1は、職員の団体結成加入の自由を保障した規定そのものだね。2は職員団体の登録手続で、役員氏名と条例で定める事項を記載した申請書で申請する。その登録要件として、民主的な意思決定手続を定めていることと、実際にそれが実行されていることとが要求されているけど、要点は3の記述どおり。もう1つの構成員の要件も、原則としては4の記述のとおりだね。細かく言えば、警察職員と消防職員が入っていてはダメだし、反対に、免職処分を受けて1年内の者やその1年内に不服申立てなどをして係争中の者が入っていてもいい、という例外はあるけどね。法人格は、登録していることによって取得する方法と、規約の認証を得て登記する方法と両方ある。内容はほぼ同じだけどね。

《参照条文》52条～55条、地公企労法、職員団体等法人格付与法
《正解》問1＝4、問2＝5

| 第8章 | 労働基本権 |

| 第24回 | ●団体交渉と在籍専従 |
| | 不当労働行為の禁止／在籍専従／団体交渉／書面協定 |

　ええと、おしまいというのは興行なんかでは千秋楽、一年で言えば大晦日だね。今はもう半年払いの掛け買いなんていうのはなくなってしまったけど、昔の庶民生活では、米、酒、味噌、醤油などは帳面買いだったんだな。だから大晦日になるとまとめて支払わなくっちゃならない、ところがオアシには限度があるからそのやりくりに四苦八苦する。

「大三十日(おおみそか)ココを仕切ってこうせめて」

　掛け取りとの攻防を、四十七士の討ち入りに掛けている句なんだな。忠臣蔵九段目、吉良邸への討ち入りの段取りをしている場面のセリフなんだけど、これをそのまま大晦日の支払いをどうやって逃れるか算段するところに使っちゃっているんだな。何とか言い逃れて年が明ければ、チャラになるというしきたりだったそうで、長屋の連中は必死だったんだろうね。

　そういう交渉っていうやつは、世が変わってもそれほどには変化するわけでもなく、職員団体と当局という間柄でもお互いに渡り合わなければならない。それこそ「ここを仕切ってこう攻めて」ということになるんだよな。

◆不当労働行為の禁止

　まあその前に、職員団体という形で団結権が法的に認められているけれど、それはどういうふうに保障されているんだろうか、という問題から入ってみようか。

　これは、端的に言えば、労働者の組合活動に対して使用者側が不当な干渉をしないようにする、ということになるんだな。つまり、団結権を認めたとしても、組合が実質的にも使用者側から独立していなければ、

それは絵に書いた餅にすぎない。だから組合の自主独立を犯すような行為はしてはいけない、という法的措置が必要になるんだな。これがいわゆる不当労働行為の禁止ということで、労働組合法で定められている。このような措置が、団結権を認められている職員についても同じように必要だと考えられるのは当然だよね。ところが、労働組合法は、企業職員や地方独立行政法人の職員以外の職員には適用にならない。そこで、その精神に沿って、地方公務員法でも必要最小限の規定を置きましょう、ということになっているんだよね。

　その1つは、不利益取扱いの禁止。職員団体の結成、これへの加入、職員団体のための正当な行為、こういったことでその職員を不利益に取り扱ってはいけない、という内容になっている。もし、不利益と思われる処分を受けたら、審査請求ができるようになっていることは、前にも見たとおり。また、不利益取扱いの禁止の内容ではないけれど、これと反対に、職員団体に加入していない職員が、職員団体の交渉事項に関して、不満の表明とか意見の申し出とかができなくなるようでもいけない、ということも規定されている。

　2つ目は、団体交渉拒否の禁止。登録を受けた職員団体から適法な交渉申し入れがあったら、当局はこれに応じなければならない、ということ。適法な交渉とはどういうことかは、すぐ後で見ます。

　3つ。経済上の援助の禁止。これは労働組合法では、幅広く、組合活動への不当介入や経理上の援助を禁止する規定になっているけど、地方公務員法では、職員が給与を受けながら職員団体の仕事や活動をしてはならない、ということになっている。地方公共団体の財政制度から考えれば、職員団体への財政援助ということへのチェックは充分働くから、給与についてだけ規定を置けばいい、という考えなんだろうね。職員団体の使用する室などのスペース提供は、ここには含まれないと考えられている。

◆**在籍専従**

　この3番目の禁止についてちょっと考えてみると、では、職員は、給与をもらわなければ職員団体の仕事だけに従事することが認められるのだろうか、という疑問が出てくるでしょ。ところが、職員は、職員団体の業務にもっぱら従事することができない、とされているんだよね。もっぱら従事する、ということは、反対の面から見れば、地方公共団体の事務には従事しない、ということだから、そうなると、公務に従事しない公務員とは何だ、そんな公務員のために税金を払っているんじゃない、という住民の主張は当然なことになるでしょ。だから、これも原則的に禁止なんだよね。

　ところが、これを一定の条件下では認めましょう、というのが在籍専従の制度なんだな。どういう条件かというと、まず、任命権者の許可を受けること、次に、登録を受けた職員団体の役員として団体の仕事に従事すること、第3に、その期間は、職員としての在職期間を通じて5年以下であること、という3つになっている。ただし、この5年というのは、当分の間の特例として、7年以下の範囲内で人事委員会規則・公平委員会規則（企業職員等では労働協約）で定める期間となっています。

　この許可は、任命権者が相当と認めれば与えることができるんだけど、申請すればいつでもOKというわけじゃない。許可の際には有効期間を定めるとされている。だから、有効期間が過ぎれば許可の効力は失われる。当たり前のことだけどね。それから、途中で役員でなくなったときには、許可が取り消されることになっちゃう。

　それで、許可が有効である間はどう扱われるかというと、休職扱い、というわけ。身分と言ってもいいし、職と言ってもいいけど、要するに公務員であることに変わりはなく、ただ職務専念義務が免除されるんだね。もちろん、給与は支給されないし、この期間は退職手当の算定期間に算入することもできない。ただし、職員団体から報酬を受けることについては制限されない。これも当然のことだろうけどね。

## ◆団体交渉

　で、やっと交渉にたどり着いたんだけど、労働基本権のうち団結権だけ認められても、交渉権が認められなければ、実際の力にはなりにくいよね。でも、公務員は、団体交渉することはできるけれど、その結果としての団体協約を結ぶことはできないんだよね。つまり、公務員の勤務条件は、条例で定めることになっているから、労使間の協約で勤務条件を定めるということはできない、というわけ。こういう意味で、公務員は団体交渉権が部分的に認められている、と言われるんだね。もちろん、企業職員と特定地方独立行政法人の職員と単純労務職員は、労働組合を結成することができるし、原則として労働協約を締結することができることになっているから、一般の職員とは違っている。

　交渉というのは、職員団体と当局との間で行うわけだけど、どんな事でも交渉できるかというと、そうはいかない。1つは、給与や勤務時間といった勤務条件について。これは、職員が勤務を提供するに当たって一般的に当然に考慮の対象となるべき利害関係事項、などと説明されているけど、要するに勤務をする条件や環境といったことだろうね。もう1つは、勤務条件に附帯する社交的・厚生的活動に係る事項について。たとえば、職場の問題、レクリエーションなどといったことかな。この2つが交渉事項とされていて、これに含まれないものは交渉できない。特に、地方公共団体の管理運営事項は交渉対象にできない、と明文が置かれている。どこからが管理運営事項なのか、問題によっては判断しにくいだろうけど、人事そのものなんかは当然入ってくるよね。

　その「当局」というのは何か、というと、交渉事項を適法に管理し、又は決定することができるもの、とされていて、要するにそういった権限を持っている地方公共団体の機関になるだろうね。任命権者であるときもあれば、そうでないときもある。一方の職員団体は、登録されているかどうかは関係ないことになっているけど、登録団体からの適法な申し入れがあれば、当局に交渉に応ずる義務がある、という違いがある。

これは前に見たとおり。

　交渉の方法というか手続きというか、これは少し細かいことが決められているんだよね。まず、交渉は、職員団体が役員の中から指名する者と、当局が指名する者とでするんだけど、その人数も職員団体と当局とで事前に取り決めておく。交渉の議題、時間、場所などの事項もあらかじめ決めておく。こういったことを取り決めるのを、予備交渉と言っているんだけど、これを経なければ、適法な交渉とは言えなくなってしまうんだよね。ただし、職員団体の方は、必ずしも役員でなくてもいいけど、役員以外の者を交渉要員とするには、その交渉の対象である特定の事項について交渉するという適法な委任を、職員団体の執行機関から受けていることが必要で、さらに、その委任が適法だという証明書が必要になる。それから、この適法な交渉は、勤務時間中でもすることができるわけで、その間は交渉に当たる職員である役員は専従でない限り職務専念義務が免除されることになる。ただし、形式的には職務専念義務の免除を別個に受けることが必要とされているんだけど、当然免除することになる、ということだね。

　でも、適法な交渉として始まっても、その前提条件が崩れたら、打ち切ることができる、とされている。その場合というのは、交渉担当者が適法でない場合、交渉員数が予備交渉の取り決めと異なるなど、予備交渉での取決めに反する場合、他の職員の職務遂行の妨げになった場合、事務の正常な運営を阻害することとなった場合、の4つが挙げられるだろうね。こうなったら、もはや適法な交渉ではなくなる、というわけだね。もちろん、打ち切りはどちらからでもできる。

◆**書面協定**
　適法な交渉の結果、双方が何らかの合意に達した場合、単に口頭の約束、つまり口約束だけでいいんだろうか、という疑問は当然出るだろうな。ところが、この交渉は団体協約を締結する権利を含まない、と明らかに規定されているんだから、困っちゃうね。そこで考えられたのが、

書面協定というもの。職員団体と当局との間で、書面による協定を結ぶことができる、としているのがそれで、ただし、職員の勤務条件などは条例主義、もっと広く言えば法令に基づかなければならないという原則によっているんだから、その条件に抵触しない限りで認めます、という制度なんだね。つまり、法令、条例、規則、規程に抵触しない限りにおいて、書面協定を結ぶことができる、となっていて、これは職員団体ができる、という定め方になっています。そういう広い意味の法令の範囲内でのものなんだから、これは団体協約ではない、ということになるんだな。

だから、この書面協定には法的な力はない、つまり双方にその内容を実行すべき法的責任が生じるわけじゃないということになるね。じゃ口頭の約束と同じじゃないか、と言えばそうかもしれないけど、双方は誠意と責任をもって履行しなければならない、とされていて、これはいわば道義的責任がある、ということだね。もちろん、合意内容を書面にすることによって、双方が確認しあうことができるのも、実際には大切なことだよね。

＊　　　　＊　　　　＊

ええと、とうとう、というか、やっと、というかこの教室も大晦日になっちゃって、まだ細かいことで言い残したことがあることはあるんだけど、まあ、地方公務員法について一応のことは話したな、と思うんだよね。少しは楽しめる教室になったかな。とにかく、長い間のお付き合い、御苦労さま。これでおしまい。サヨナラ。

## まとめ

(1) **不当労働行為の禁止**（労組法7条の精神）
　・不利益取扱いの禁止（56条）
　・団体交渉拒否の禁止（55条1項）
　・経費援助の禁止（55条の2第6項）
　企業職員等には労組法が適用

(2) **在籍専従**（55条の2・附則20項・地公企労6条）
　・職員は職員団体の業務に専ら従事することができない
　・在籍専従の許容
　　　　任命権者が相当と認めて許可・許可の有効期間を定める
　　　　登録職員団体又は労働組合の役員
　　　　通じて7年以下の委員会規則・労働協約で定める期間内
　　　　休職扱い（身分保持、給与不支給、職務専念義務免除）

(3) **勤務条件に関する団体交渉**（55条）
　・団体協約締結権なし
　・交渉事項　給与、勤務時間その他の勤務条件
　　　　　　　これに附帯する社交的・厚生的活動に係る事項
　　　　　　　管理運営に関する事項は対象外
　・当事者　　職員団体＝登録の有無を問わない
　　　　　　　登録団体の適法な交渉の申入れに応ずる義務
　　　　　　　当局＝交渉事項を適法に管理・決定する権限
　・交渉方法　予備交渉—議題・時間・場所等必要な事項の取決
　　　　　　　適法な交渉—勤務時間中・取り決め員数・指名者
　・交渉打切り　不適法、職務遂行の妨げ、事務運営の阻害
　・書面協定　法令・例規等に抵触しない限り
　　　　　　　双方が誠意と責任をもって履行（道義的責任）

**問1** 職員団体に関する次の記述のうち、誤りはどれか。

1 労働組合法には、労働者の団結権を保障するために、組合活動に対する使用者の不当な干渉を排除する趣旨の規定が置かれているが、この規定は企業職員等以外の職員には適用されない。
2 地方公共団体の当局は、登録を受けた職員団体から勤務条件に関して適法な交渉の申入れがあった場合には、これを拒否することができない。
3 職員団体と当局との適法な交渉は、勤務時間中においても行うことができる。
4 職員団体と当局との交渉事項は、勤務条件の交渉に付帯して社交的又は厚生的活動を含む適法な活動に係る事項も対象とすることできる。
5 適法な交渉の結果により、当局と職員団体との間に結ばれた書面による協定は、その内容を履行する法的責任が双方に生ずる。

**問2** 職員団体に関する次の記述のうち、正しいものはどれか。

1 職員は、任命権者の許可を受けた場合には、登録を受けた職員団体の役員として職員団体の業務に専ら従事することができる。
2 職員団体の業務に専ら従事することができる期間は、職員としての在職期間を通じて5年を超えることができない。
3 在籍専従の許可は、登録を受けた職員団体から適法な申入れがあれば、任命権者はこれを拒否することができない。
4 在籍専従の許可を受けた職員が、登録を受けた職員団体の役員でなくなった場合でも、その許可で定められた有効期間内であればその許可は有効である。
5 在籍専従の許可を受けた職員は休職者となって給与を支給され

> ないが、その期間は退職手当の算定の基礎となる勤続期間に算入される。

《指針》　問1は団結権と交渉、問2は在籍専従の問題だね。

問1の1は、記述どおりだけど、職員には労働組合法を適用しないという明文の規定があるよね（58条1項）。それで、企業職員にはその規定を適用しない、という規定がある（地公企法39条1項。特定地方独立行政法人の職員も同じ。地独法法53条）。つまり、適用しないという規定を適用しないから、結論は適用することになるんだね。登録を受けた職員団体との交渉が2から5までの問題だけど、まず、適法な交渉の申入れがあったときは、当局はその申入れに応ずべき地位に立つものとする、と規定されていて、これは拒否できない意味だと解されている。交渉事項は、勤務条件と、社交的又は厚生的活動を含む適法な活動に係る事項とに関するものという限定がある。交渉の結果の書面協定は、法的な効力を持ってしまうと労働協約締結権を認める結果になってしまうから、道義的責任の範囲に止まるのが当然だね。

問2は在籍専従で、1は記述どおりだよね。で、これが正しければ後は多分誤りだと思うでしょうけれど、きちんと確認することだね。2は在籍専従の認められる期間だけど、当分の間、本則の5年という限度が、7年以下で人事委員会規則・公平委員会規則で定める期間と読替適用されているんだね。在籍専従の許可は任命権者が与えるんだけど、任命権者が相当と認める場合という限定がついている。その許可は、許可を受けた職員が登録を受けた職員団体の役員として従事するという要件が欠けたら、取り消すことになっている。許可を受けた職員の身分は休職者だけど、退職手当の計算からはこの期間が除かれてしまうんだよね。

《参照条文》55条〜56条・58条2項・附則20項、地公企法39条1項、地独法法53条、地公企労法6条3項・附則4項・5項

《正解》問1＝5、問2＝1

# 総合問題と解説

## 地方公務員法 総合問題

【問1】 地方公務員制度についての次の記述のうち、誤っているものはどれか。

1 公務員は、全体の奉仕者として、一部の利益のためではなく、公共の利益のために勤務するものである。
2 地方公務員法は、地方公共団体の行政の民主的かつ能率的な運営を保障するため、人事機関並びに地方公務員の任用その他の勤務条件、分限及び懲戒その他人事行政の根本基準を定める。
3 公務員には政治的中立が要請されるが、その目的は、地方公共団体の行政の公正な運営を確保するとともに、職員の利益を保護することにある。
4 地方公務員は一般職と特別職に分けられるが、地方公務員法はその両方のすべての地方公務員に対して例外なく適用される。
5 任命権者とは、職員の任命、人事評価、休職、免職及び懲戒等を職員に対して直接行使する人事権を有する機関をいう。

【問2】 職員の任用について、正しいものはどれか。

1 職員の任用は、受験成績、人事評価その他の能力の実証に基づいて行うという成績主義によらなければならない。これは、行政の能率を確保するとともに、職員の身分を保障するものである。
2 職員の職に欠員を生じた場合には、任命権者は、人事委員会の定める一般的基準に従い、採用と昇任によってのみ、その職に職員を任命することができる。
3 任用のうち採用と昇任は、人事委員会又は公平委員会の置かれている場合にはこれらの委員会が競争試験によって行い、これらの委員会が置かれていない場合には採用候補者名簿・昇任候補者名簿から行う。

4 競争試験とは、特定の個人が特定の職に就く適格性を有するかどうか確認する方法である。
5 任用の種類には、採用、昇任、降任、転任、兼職、兼務、併任、充て職、出向などがあり、必要に応じて適宜使うことができる。

## 【問3】 地方公務員法に規定する欠格条項についての次の記述のうち、誤りはどれか。

1 欠格条項とは、職員となることができない条件を規定したものであり、これに該当すると、職員となり、採用試験や選考を受けることができないだけではなく、職員である者はその職を失う。
2 成年被後見人は職員になれないが、被保佐人は保佐人の同意を得れば職員になることができる。
3 地方公共団体において懲戒免職の処分を受け、その処分の日から2年を経過しない者は、その地方公共団体の職員となることができない。
4 国家公務員である者が、懲戒免職の処分を受け、その処分の日から2年を経過していない場合でも、地方公共団体の職員になることができる。
5 禁錮以上の刑に処せられ、その執行が猶予されている期間中の者は、職員になれないが、その期間を経過して、刑の執行を受けることがなくなったときは職員になることができる。

## 【問4】 条件付採用と臨時的任用に関する次の記述のうち、正しいものはどれか。

1 臨時的任用は、緊急に必要な場合にのみ認められる例外的な任用であるから、設けた職が臨時のものであっても、任用そのものは正式任用によって行わなければならない。
2 条件付採用は、正式任用に対する概念で、任命権者が示した条件が

一定期間内に満たされない場合には、その期間の経過とともにその職を失う。
3 臨時的任用の期間が経過した職員に対しては、任命権者は直ちに免職の発令を行わなければならない。
4 臨時的任用についても、また、非常勤職員の任用についても、条件付採用を行うことができる。
5 条件付採用期間中の職員も、臨時的任用の職員も、分限の規定が適用されないので、不利益処分を受けても、これに対する審査請求をすることができない。

【問5】 職員の給与についての次の記述のうち、誤っているものはどれか。
1 職員の給与の決定については、職務給の原則と均衡の原則とによることとされている。
2 「職務給の原則」とは、公務員がしなければならない奉仕者としての無定量の労働にかんがみ、その生活を保障するための給与を支給する原則である。
3 「均衡の原則」とは、いわゆる官と民の給与が均衡するようにする原則であり、具体的には、生計費のほか、他の公務員と民間の給与その他の事情を考慮することである。
4 職員の給与については、給与に関する条例に基づいて支給されなければならない、とする「条例主義の原則」がある。
5 職員の給与は、法律又は条例で定められた場合を除き、通貨で、直接職員に、その全額を支払わなければならない、とする給与支払いの3原則がある。

【問6】 分限処分に関する次の記述のうち、誤りはどれか。
1 公務員の身分保障は、安定した公務の能率を確保することを目的と

しているが、分限処分には、心身の故障のため公務遂行に支障が生じた場合に職員の責任を問う趣旨も含まれる。
2 分限処分とは、公務員の意に反して行われる不利益な身分上の変動を意味し、分限処分の事由が限定されていることによって公務員の身分が保障されることになる。
3 分限処分としては、免職、休職、降任、降給の4つがある。
4 分限処分をした場合には、同じ行為について懲戒処分をすることはできない。
5 分限処分のうち降給については、その事由を条例で定めることとされているが、条例が定められていない場合には実際上降給処分をすることができないことになる。

## 【問7】 懲戒処分についての記述として、正しいものは次のどれか。

1 懲戒処分は、職員の職務義務違反に対する道義的責任を問う処分で、組織の規律と公務遂行の秩序の維持とを目的とする。
2 懲戒処分は公正に行わなければならないとされるが、処分事由が法定されていないので、どのような行為を対象とするかは任命権者の自由裁量に委ねられている。
3 地方公務員法による懲戒処分としては、免職、停職、減給、戒告があるが、これらのほか、条例で、厳重注意と訓告とを定めることができる。
4 職員に採用される前に行った行為について、職員となった後にこれを理由として懲戒処分をすることができる。
5 退職後に、職員であったときの行為を理由として懲戒処分をすることができる。

## 【問8】 職員の服務に関する次の記述のうち、誤っているのはどれか。

1 職員の服務規律の根本基準は、全体の奉仕者として公共の利益のた

めに勤務することと、全力を挙げて勤務に専念することである。
2 公務員になる際には、条例で定めるところにより服務の宣誓をしなければならないが、これは道義的な義務に過ぎないので、自己の信条に基づく場合には拒否することができる。
3 職員は、その職務を遂行するに当たって、法令、条例、規則及び規程に従い、かつ、上司の職務上の命令に忠実に従わなければならない。
4 職員は、職務上知り得た秘密を洩らしてはならない。退職後も同様である。
5 職員は、その勤務時間及び職務上の注意力のすべてをその職責の遂行に用い、その地方公共団体がなすべき責めを有する職務にのみ従事しなければならない。

【問9】 勤務条件に関する措置要求と不利益処分に対する審査請求に関する次の記述のうち、誤っているものはどれか。
1 勤務条件に関する措置要求は人事委員会又は公平委員会に対して行うが、不利益処分に対する審査請求は任命権者に対して行う。
2 措置要求は、職員であれば誰でもできるが、審査請求は、任用形態などにより、できない職員がある。
3 措置要求について人事委員会又は公平委員会の行う勧告は、審査請求に対する裁決と違って、法的拘束力はない。
4 措置要求制度は、地方公務員の労働基本権が制約されている代償措置の1つであるが、これに対して、審査請求制度は、職員の身分保障の実効性を担保する措置である。
5 措置要求制度は、勤務条件の適正な確保を目的としているのに対し、審査請求制度は、不利益処分を受けた個人の救済を目的とする。

【問10】 職員団体についての次の記述のうち、正しいものはどれか。

1 地方公務員に職員団体の結成が認められているが、職員団体は、一般職である職員のみで組織する団体でなければならず、その連合体も認められない。
2 職員団体には役員としてその業務に専ら従事する職員の在籍専従が無期限に認められ、その職員には7年以内ならば給与も支給される。
3 職員団体は、勤務条件について交渉することを目的とするものであるから、同一の地方公共団体に所属する一般職である職員は、法律上禁止されている職員を除き、すべて加入しなければならない。
4 職員団体は登録しなければならないわけではないが、登録した職員団体から適法な交渉の申入れがあった場合には、当局はこれに応ずる義務がある。
5 職員団体が当局と交渉できる事項は、勤務条件に関する事項に限定されるが、これに関係するならば当該地方公共団体の管理運営事項も対象とすることができる。

## 【問11】 地方公務員法に関する次の記述のうち、誤りはどれか。

1 すべて国民は、地方公務員法の適用について、平等に取り扱われなければならず、人種や政治的意見によって差別されてはならないとされ、これに違反して差別した者は、刑罰を科される。
2 職員の任用は、地方公務員法の定めるところにより、能力の実証に基づいて行わなければならないが、これに違反して任用した者は、刑罰を科される。
3 採用試験は、受験資格を有するすべての国民に対して平等の条件で公開されなければならず、受験を阻害し、又は受験に不当な影響を与える目的をもって情報を提供した者は、刑罰を科される。
4 職員は、職務上知りえた秘密を洩らしてはならないとされており、これに違反して秘密を洩らした者は、刑罰を科される。
5 職員は、同盟罷業、怠業その他の争議行為をし、又は怠業的行為を

してはならないとされ、これに違反してこれらの行為を行った者は、刑罰を科される。

## 【問12】 職員の任用に関する次の記述のうち、正しいものはどれか。

1 人事委員会を置く地方公共団体においては、職員の採用及び昇任は、競争試験によるものとされるが、任命権者が必要と認めるときには、選考によることができる。
2 人事委員会を置かない地方公共団体においては、職員の採用及び昇任は、選考によるものとされる。
3 職員の任用に当たっては、職員が、職員団体の構成員として、違法とされる怠業的行為をした場合であっても、不利益な取扱いをすることは禁止されている。
4 人事委員会は、任命権者が職員を任命するに際して任命方法のうちのいずれによるべきかについての一般的基準を定めることができるが、個々の任用行為についてどの方法によるべきか指定することはできない。
5 人事委員会を置く地方公共団体においては、任命権者は、人事委員会規則で定めるところにより、緊急の場合など一定の場合においては、人事委員会の承認を得て、1年を超えない期間で臨時的任用を行うことができる。

## 【問13】 分限処分及び懲戒処分に関する次の記述のうち、正しいものはどれか。

1 分限処分は、職務遂行ができない場合に限り受けるその意に反する不利益処分であり、懲戒処分は、一定の義務違反に対する道義的責任を問うものであり、どちらも安定した公務執行の確保が目的である。
2 分限処分としては、免職、休職、降任及び降給の4種類があり、懲

戒処分としては、法律で定められているものとして免職、停職、減給及び戒告があり、条例で定めるものとして厳重注意及び訓告がある。
3 分限処分についても、懲戒処分についても、平等取扱の原則が適用され、また、公正の原則と事由法定の原則が適用されるが、処分事由としてはいずれの場合も条例で定める事由が含まれる。
4 分限処分の法定事由の1つに勤務実績が良くない場合があり、懲戒処分の法定事由に職務を怠った場合があるので、ある行為が両方に該当することがあり、そのときは両方の処分を行うことができる。
5 分限に関する規定も、懲戒に関する規定も、条件付採用期間中の職員及び臨時的に任用された職員には適用されず、これらに関しては条例で必要な事項を定めることができる。

【問14】　職務専念義務に関する次の記述のうち、正しいものはどれか。
1 職務専念義務は、その勤務時間及び職務上の注意力のすべてをその職責遂行のために用いるものであるから、時間外勤務や休日勤務は対象にならない。
2 職員が分限処分で休職にされた場合と懲戒処分により停職にされた場合は、どちらも職は有するが職務には従事しないので、職務専念義務は免除あるいは解除されていると言える。
3 登録された職員団体からの申入れに基づいて適法な交渉が勤務時間内に行われる場合において、これに出席する職員団体が指名した役員などの職員については、職務専念義務の免除を要しない。
4 年次有給休暇、産前産後の休暇、生理休暇などが承認される場合には、当然に同時に職務専念義務が免除される。同様に、休憩と、勤務を要しない日となる休日も職務専念義務が免除される。
5 職員が、勤務時間中に営利企業の会社の役員としてその業務に従事することについて、任命権者の許可を受けたときは、同時にその間

の職務専念義務についても免除を受けたことになる。

## 【問15】 職員の政治的行為の制限に関する次の記述のうち、誤りはどれか。

1 職員は、その属する地方公共団体の区域の内外を問わず、政党その他の政治団体の結成に関与し、又はこれらの団体の役員になってはならない。
2 職員は、その属する地方公共団体の区域内において、特定の政党を支持する目的をもって、公の選挙において投票の勧誘運動をしてはならない。
3 職員は、その属する地方公共団体の区域外においても、特定の政党に反対する目的をもって、署名運動に積極的に関与してはならない。
4 職員は、その属する地方公共団体の区域内において、公の選挙において特定の人を支持する目的をもって、寄附金その他の金品の募集に関与してはならない。
5 職員は、その属する地方公共団体の区域の内外を問わず、特定の内閣に反対する目的をもって、文書又は図画を地方公共団体の庁舎又は施設に掲示してはならない。

## 【問16】 職員の営利企業への従事等の制限に関する次の記述のうち、誤りはどれか。

1 職員が報酬を得て他の地方公共団体の特別職を兼ね、勤務時間内においてその職務に従事する場合には、職務専念義務が免除されている限り、任命権者の許可を要しない。
2 職員が農業協同組合や森林組合の役員となる場合には、報酬を受けない限り、任命権者の許可を要しない。
3 職員がいわゆる兼業農家を営んでいる場合には、自家用の米や野菜を生産する程度のものである限り、任命権者の許可を要しない。

4 職員が講演料や原稿料を受けて講演や原稿執筆をする場合には、職務に関係なく、また、労務や労働の対価と見られない限り、任命権者の許可を要しない。
5 職員の家族が営利企業を営む場合には、職員本人が実質的に営むものと認められない限り、任命権者の許可を要しない。

## 【問17】 職員の厚生福利制度に関する次の記述のうち、正しいものはどれか。

1 共済制度は、職員又はその被扶養者の傷病等に関して適切な給付を行うための相互救済を目的とする制度であり、公務災害保障制度は、職員又はその被扶養者が公務に因る死亡等によって受ける損害を補償する制度である。
2 共済制度も、公務災害補償制度も、その実施責任は地方公共団体にあり、いずれも条例によって定めなければならない。
3 職員が公務により死亡した場合には、共済制度においては遺族に対する退職年金制度があり、公務災害補償制度においては遺族の受ける損害に対する補償がある。
4 共済制度も、公務災害補償制度も、これに要する費用は、地方公共団体とその属する地方公務員とで均等に負担する。
5 共済制度は、国の制度との間に権衡を失しないように適当な考慮が払われなければならないが、公務災害補償制度は、各地方公共団体の間に権衡を失しないように適当な考慮が払われなければならない。

## 【問18】 職員の勤務条件に関する次の記述のうち、誤っているものはどれか。

1 勤務条件とは、職員が地方公共団体に対し勤務を提供するについて存する諸条件で、職員が自己の勤務を提供し、又は提供を継続するかどうかの決心をするにあたり、一般に当然に考慮の対象となるべ

き利害関係事項である、とされている。
2 職員の勤務条件については、原則として労働基準法が適用されるが、これは必要に応じて条例で適用除外の特例を定めることができると解される。
3 職員の給与については、職務給の原則によるものとされ、給料表と等級別基準職務表によってこれを実現するものとされる。
4 職員の給与については、均衡の原則が定められているが、実際の運用としては、国家公務員の給与に準ずることによって実現が図られると解されている。
5 職員の給与は、条例で定めなければならず、また、この条例に基づいて支給されなければならず、さらに、これに基づかずには、いかなる金銭又は有価物も職員に支給してはならない。

## 【問19】 地方公務員の定年制に関する次の記述のうち、誤りはどれか。

1 定年制は、退職年齢を明確にすることによって、採用、昇任、昇格等人事を計画的に行うことができるようにし、もって、組織の年齢構成の適正化と職員の士気の沈滞の防止を図ることを目的とする。
2 定年制は、定年までの在職を保障することによって、職員の生活設計を明確にすることを可能としたが、他方、再任用等により実際上在職を延長することが可能となっている。
3 定年制は、定年に達した日以後における最初の3月31日までの間において条例で定める日に退職するものであるが、退職の辞令が交付されない限り、職を失うことにはならない。
4 職務と責任とを理由として、男子職員と女子職員の定年に差を設けることは、平等取扱の原則に反し、許されない。
5 定年制は、臨時的に任用される職員その他の法律により任期を定めて任用される職員及び非常勤職員には適用されない。

**【問20】** 人事委員会及び公平委員会に関する次の記述のうち、正しいものはどれか。

1 都道府県並びに人口15万以上の市及び特別区は、条例で人事委員会を置かなければならない。人口15万未満の市は、条例で人事委員会又は公平委員会を置かなければならない。
2 人事委員会及び公平委員会の委員は、人格が高潔など一定の要件に該当する者のうちから、当該地方公共団体の議会の選挙により、選任する。
3 人事委員会及び公平委員会の委員の選任については、そのうちの2人が同一の政党に属する者となってはならない。
4 職員の苦情の処理については、人事委員会にあってはこれを委員又は事務局長に委任することができるが、公平委員会にあっては委任することができない
5 競争試験等を行う公平委員会以外の公平委員会にあっては、他の地方公共団体と共同して公平委員会を置くことができるが、他の地方公共団体の人事委員会にその事務を委託することはできない。

# 総合問題 正解と解説

## 【問1】（正解4）

1．記述どおり。憲法15条2項、法30条。憲法では一部の奉仕者ではないとあり、問題文では一部の利益のためではなく、とあるが、趣旨は同じ。2．法1条。記述順序には変更がある。3．記述どおり。法36条5項を参照。4．地方公務員法は一般職に属するすべての地方公務員に適用され、特別職には適用されない。法4条。5．任命権者は、人事権を有する機関である。法6条1項。

## 【問2】（正解1）

1．成績主義（法15条）は、能力に基づく人事によって能率を確保するとともに、他方、恣意や情実による人事を防ぐことによって職員の身分保障にもなる。2．職に欠員を生じた場合は、採用、昇任、降任、転任のいずれかの方法による。法17条1項。3．人事委員会又は競争試験等を行う公平委員会が置かれる地方公共団体では原則として競争試験で、これらの委員会が置かれていない地方公共団体では競争試験又は選考で行う。法17条の2・21条の4。4．競争試験は、不特定多数の者のうちから特定の職に就ける者を競争によって選抜する方法。記述は選考の内容。5．任用の種類は、採用、昇任、降任、転任の4種類で、他は運用の方法。

## 【問3】（正解2）

1．記述どおり。法16条・28条4項。2．成年被後見人、被保佐人、いずれも欠格事由。法16条1号。3．法16条3号。4．同じ問題で、懲戒免職処分という事由は、その地方公共団体のみ。5．禁錮以上の刑の場合は、その執行を終わるまでの者と、その執行を受けることがなくなるまでの者。執行猶予期間を無事経過すれば刑の執行を受けることがなく

なるから、欠格事由には該当しなくなる。

【問4】（正解5）
1．臨時的任用は、緊急の場合のほか、臨時の職に関する場合、採用候補者名簿・昇任候補者名簿がない場合に、人事委員会・競争試験等を行う公平委員会があればその承認を得て、行える。なお、臨時的任用には条件付採用はない。法22条1・2・5項。2．条件付採用は6月間の職務を良好な成績で遂行したときに正式採用になるから、任命権者が条件を示すものではない。期間経過時までに正式採用しないことと決定した場合には、免職することになる。なんらの措置がされないときは期間経過とともに正式採用になる。正式採用の法的効果の主なものは、分限が適用になること。法22条1項。3．臨時的任用は任用の期間を定めるものだから、期間を経過すると自動的にその職を失う。4．条件付採用は、臨時的任用と非常勤の任用には適用されない。法22条1項。5．法29条の2第1項。

【問5】（正解2）
1．職務給の原則は法24条1項、均衡の原則は同2項。このほかに条例主義の原則があり、問題文にはこれがないが、給与内容の決定の原則としてはこの2つになる。2．職務給の原則は、その職務と責任に応ずるものであり、戦前あるいは戦争直後の生活給的な概念とは異なる。無定量の奉仕も戦前の考え。法24条1項。3．法24条2項。4．給与については、その内容を条例で定めることと、その条例に基づいてのみ支払う、という2つの条例主義がある。法24条5項・25条1項。5．法25条2項。

【問6】（正解4）
1．記述どおり。分限処分の事由には、心身の故障のため公務遂行に支障を生じる場合が規定されていて、その職員が責任を負うことになる。

法28条。2．記述どおり。3．法27条2項。4．分限処分と懲戒処分とは、その趣旨が異なり、同じ行為について別個に処分することができると解されている。5．降給処分の事由は条例に委ねられており、その条例がなければ実際には処分できない。法27条2項・28条。

【問7】（正解1）
1．懲戒は服務紀律違反に対するもので、道義的責任を問う法的処分と言える。目的は組織の紀律維持と公務遂行秩序の維持にある。2．公正の原則は法27条1項。処分事由は法定されている。法29条1項。任命権者にはどのような処分を行うかの裁量権はある。3．懲戒処分は法定の4つに限られ、このほかはできず、条例で定めることもできないと解されている。法29条1項。厳重注意や口頭注意、訓告などは、事実上又は運用上のもので、法的効果を持つものではない。4と5．懲戒処分は、特別権力関係に基づいて行うことができるものであるから、その関係に入っている場合にのみ可能。原則として採用前の行為については処分できないし、退職後では処分権が及ばない。ただし、一定の場合に退職手当返納は可能。

【問8】（正解2）
1．服務の根本基準。法30条。2．服務の宣誓は、法律上の義務であって、拒否できない。仮に拒否した場合には、服務紀律違反となって懲戒処分の対象となるだろうし、公務員としての適格性を欠くとして分限処分の対象にもなるだろう。法31条。3．法令・上司の職務上の命令に従う義務。法32条。4．守秘義務。法34条1項。5．職務専念義務。法35条。

【問9】（正解1）
1．措置要求も審査請求も、人事委員会又は公平委員会に対して行う。

法46条・49条の2。2．審査請求は条件付採用期間中の職員と臨時的に任用された職員はできない。法29条の2。3．措置要求における勧告は拘束力がないが、審査請求の裁決には法的効力が生じる。4．措置要求は、勤務条件について行うものであり、団体交渉と労働協約締結が認められていないことが制度理由となっている。審査請求は、身分保障を実効あるようにする制度。5．記述どおり。

【問10】（正解4）
1．職員団体を組織するのは、警察職員と消防職員を除いた職員（一般職）でなければならない。同一の地方公共団体に属するこの職員のみで組織されるという要件は、登録資格である。ただし、職員以外の者を構成員に含んでいても直ちに違法とはならない。連合体も職員団体として認められる。法52条、なお法53条4・5項参照。2．在籍専従は7年以下で、休職者扱いだから給与は全く支給されない。法55条の2・附則20項。3．職員団体の結成、加入は任意で個人の自由。法52条3項。4．当局は交渉申入れに応ずべき地位に立つものとする、という規定は応ずる義務があると解されている。法53条1項・55条1項。5．交渉事項は勤務条件だが、付帯して社交的・厚生的活動を含む適法な活動に関する事項も対象とすることができる。法55条1項。

【問11】（正解5）
1．法13条・60条1号。2．法15条・61条2号。3．法18条の3・61条3号。4．法34条1項・60条2号。5．争議行為や怠業的行為そのものは刑罰の対象ではなく、共謀、唆しなどが罰せられる。法37条1項、なお法61条4号を参照。

【問12】（正解4）
1．採用については、人事委員会又は競争試験等を行う公平委員会を置

く地方公共団体では採用試験によるが、これらの委員会の規則で定める場合には選考によることができる。昇任については、昇任試験又は選者による。法17条の2・21条の4。2．人事委員会も競争試験等を行う公平委員会も置かない地方公共団体では競争試験又は選考による。法17条の2第2項。3．職員団体の構成員が職員団体のために正当な行為をした場合には、それを理由に不利益な取扱いを受けることはないが、争議行為等は正当な行為ではなく、また、その行為の開始とともに、地方公共団体に対し、法令による任命上・雇用上の権利で対抗できないとされている。法56条・37条2項。4．一般的基準であるから、個々の任用行為には及ばない。なお、競争試験等を行う公平委員会についても同様。法17条2項。5．臨時的任用は最長6月。ただし、更新はできる。なお、競争試験等を行う公平委員会についても同様。法22条2項。

## 【問13】（正解4）

1．処分の意義は記述どおりだが、懲戒処分の目的は、組織の紀律秩序の維持と公務遂行の秩序の維持にあり、分限処分の身分保障と安定した公務執行の確保という目的とは異なる。2．懲戒処分には条例で定める処分はない。法29条。3．3つの原則は記述どおり。条例で定める事由は分限処分の休職と降給だけ。懲戒事由は法律で定めるものに限られる。法27条2・3項。4．記述どおり。5．分限に関する規定は適用にならないが、懲戒に関する規定は適用になる。分限については条例で定める。法29条の2。

## 【問14】（正解2）

職務専念義務は法35条。1．職務専念義務は、勤務時間についてのものだが、時間外勤務や休日勤務も勤務時間となるので、その義務の対象になる。2．休職も停職も、職務に従事することから強制的に排除されるため、職務専念の義務はない。なお、「強制的に免除される」と説明さ

れるが、必ずしも適切な表現ではない。3．適法な交渉は勤務時間内に行うことができるが、当局と交渉することに合意したからといって、その出席職員が当然に義務を免除されるわけではない。任命権者の許可を要すると解されている。もっとも、任命権者が免除の許可を与えるのは当然である。法55条8項参照。4．休暇の承認は、職務専念義務の免除でもあるが、休暇と勤務を要しない日は、勤務時間の外であるから、もともと義務がないので、免除の問題にならない。なお、この「勤務を要しない日」は、勤務時間が割り振られていない日と解され、国民の祝日のような休日とは異なる。労働基準法での用語であり、国家公務員では週休日を指すことになる。労働基準法34条・35条。5．営利企業従事の許可と職務専念義務の免除とは別であって、それぞれの許可を必要とする。なお、勤務時間内の営利企業従事は、通常は第3セクターなどが多いだろうが、出向させるのが一般的だろう。

### 【問15】（正解3）

政治的行為の制限は法36条。問題は、職員の属する地方公共団体の区域内における制限か、区域の内外を問わない制限か、にある。内外を問わないのは、1項の行為と2項4号の行為。1と2．記述どおり。3．署名運動への積極的関与は、区域内制限。4と5．記述どおり。

### 【問16】（正解1）

営利企業への従事等の制限は法38条。1．特別職との兼務は、同一地方公共団体内なら、同じ特別権力関係内であり、仮に報酬が支払われても、給与との調整をするのが当然だから（法24条3項は、一般職との兼職についての規定）、問題ない、つまり許可をわざわざ要しないと解されている。他の地方公共団体の特別職との兼務は、報酬を受けるものであれば、報酬を得て従事する事業又は事務に該当し、許可を要すると解されている。もちろん、勤務時間中であれば、職務専念義務の免除は別途、

受けなければならない。2．農協などは、法律上営利を目的とするものではないから、報酬を受けなければ、許可を要しない。3．農業も、営利目的であれば許可を要するが、自家用程度の規模であれば、従事等の制限に該当しないとされる。4．通常、講演料や原稿料は労務の対価性がないか希薄であり、謝金などの性格を持つから、報酬に当たらないと解されている。ただし、公務員倫理規程による制限に該当する場合には倫理監督官の承認などが必要となる場合がある。5．職員本人と家族では別個の人格だから、家族が経営するなら問題はない。実質本人で名義のみ家族であれば、脱法行為であり、服務義務違反にもなる。

【問17】（正解3）
共済と災害補償は法43条・45条。この問題は、ほとんどこの2つの規定に関係している。1．共済が相互救済で、災害補償が損害補償であることは記述どおり。ただし、共済が職員と被扶養者を対象にするのに対し、災害補償は公務上のものだから職員本人のみを対象とする。2．実施責任は地方公共団体にあるが、制度は法律によって定める。3．死亡に対しては、共済制度には遺族に対する退職年金制度が含まれていなければならない、災害補償制度には遺族の受ける損害に対する補償に関する事項が定められなければならない、とされている。なお共済組合法では、遺族に対する退職年金は遺族共済年金と称する。4．費用負担は、共済では地方公共団体と職員側とで原則半々、災害補償は地方公共団体のみが基金に負担金を拠出する。共済組合法113条、災害補償法49条。5．共済制度も災害補償制度も、国の制度との間に権衡を失しないようにしなければならない。

【問18】（正解3）
1．勤務条件の法制意見による定義。これを知らなくても内容として常識的に判断できるはず。2．地方公務員には労働基準法が原則適用にな

る。その基準は最低のもの、という規定が同法にある。これらの最低基準を条例で適用したこととすることは認められない。法58条3項、労働基準法1条2項。3．記述のとおり。法24条1項・25条3〜5項。4．均衡あるいは権衡の原則は、実際には国家公務員に準ずることで充足したものと解される。もちろん、人事委員会が民間などを調査の上勧告し、これに従うことを排除するものではない。5．法24条5項・25条1項。

### 【問19】（正解3）
1．2．記述どおり。3．定年制は、一定の年齢に達したことによって当然に退職するものだから、辞令交付によって効力を生ずるものではない。したがって、条例で定める日に当然退職となる。ただし、辞令交付を否定するものではない。法28条の2第1項。4．法13条。5．法28条の2第4項。

### 【問20】（正解3）
1．人事委員会必置は都道府県と指定都市であり、選択は人口15万以上の市と特別区、他の市町村は公平委員会設置義務がある。法7条1〜3項。2．委員は、議会の同意を得て地方公共団体の長が選任する。法9条の2第2項。3．委員選任の政党所属についての要件。したがって、事後的に2人以上が同じ政党所属関係になったら、罷免して、要件を充足させることになる。法9条の2第4項。4．苦情処理については、人事委員会も公平委員会も委任することが認められている。ただし、事務局長は置かれない場合もあり、その場合は委員への委任のみとなる。法8条4項、12条。5．公平委員会は共同設置も可能であり、また人事委員会への事務委託も可能。ただし、競争試験等を行う公平委員会にあっては、本来の公平委員会の事務（措置要求、審査請求など）については、他の人事委員会・公平委員会への事務委託は認められない。法7条4項、9条2項。

## あとがき

　この本は、1993年4月から2年間にわたり月刊「地方自治職員研修」に連載してご好評をいただいた「島一彦の地方公務員法教室」を元にまとめたものです。早くから一冊にまとめるようご要望が寄せられていたにもかかわらず、講師＝筆者の都合で今まで遅延してしまい、ご迷惑をおかけしました。ここにお詫びいたします。

　この連載を始める際、もちろん、地方公務員法という法律の主な内容を説明することが第1の目的ではありますが、次のような欲張った抱負を抱いていました。

　まず、取っつきにくいということでは定評のある法律（学）を、少しでもいいから親しみやすく説明すること、それでいて内容のレベルはできるだけ落とさないようにすることです。

　次に、この方はもっと大変なことですが、法律の考え方や法律の構成方法を理解してもらえるようにするということです。法律には一定の考え方（思考様式）がありますし、法律は一定の思想の上に構築されています。また、法律的な問題点というのも、その思考様式や思想と現実との相互関係から生じてくるものですから、一定のアプローチの仕方があります。こういったことを、地方公務員法を通じてなんとか説明できないか、ということなのです。

　こういったねらいがどれだけ実現できたかは、皆さんのご批判に待つしかありませんが、少なくとも、親しみやすく、分かりやすい「教室」になったとすれば、それだけでも望外の幸せです。また、古川柳には私も門外漢ではありますが、この教室を通じて、もし古川柳や江戸時代の生活に興味を持っていただくことができたならば、それこそは余禄というものでしょう。

　なお、この教室で示した法律の解釈や考え方は、できるだけ通説・行政実例・判例によるようにしましたが、最終的には著者の個人的見解に

よっています。いかなる面においても筆者の属する機関とは関係ありませんので御了承願います。
　この本をまとめるのに時間ばかりかかってしまい、担当である公職研編集部の相原資三氏にはいつもながらご迷惑をおかけし、また、大変お世話になりました。この場をおかりしてお礼申し上げます。

1997年5月

## あとがき

＊　＊　＊

　幸いなことに皆さんからご好評をいただき、ふたたび版を改めることとなりました。この間、公務員制度は、行政改革の一環として、多くの改変が加えられて来ましたし、今後もさらにさまざまな改革が俎上に登ってくると思われます。そのすべてに触れるわけにはいきませんが、現時点までの法改正・制度改正はほぼ取り入れることができたと思います。末永く、そしてより一層、この「教室」を利用して頂ければ幸いです。

　このたびも、公職研の相原資三氏にはご迷惑をおかけし、また、大変お世話になりました。改めてお礼申し上げます。

2004年4月

＊　＊　＊

　皆さんからの御好評をいただき、三たび版を改めることとなりました。前回同様、これまでの法改正はすべて取り入れることができたと思います。また一層の御利用をいただければ幸甚です。

　相原資三氏には、また多大なお世話をかけることになりました。篤くお礼申し上げます。

2006年10月

＊　＊　＊

　初版から10年以上経過しましたが、相変わらず皆さんの御好評をいただき、心より感謝申し上げます。ここに第4次改訂版をお送りすることができ、幸甚に存じます。今後とも充実した教室とすることができるよう、努力して参りますので、よろしく御利用の程をお願いいたします。

　相変わらず相原資三氏には大変お世話になりました。篤くお礼申し上げます。

2008年10月

＊　＊　＊

　この度、第5次改訂版を上梓することになりました。これも読者皆様の暖かい御支援の賜物と感謝申し上げます。今回の改訂内容は、原則として2011年1月1日を基準としていますが、一部、同年4月1日施行の分も含んでいます。一層のご利用を頂ければ幸いです。

　相変わらず相原資三氏にはお世話になっています。篤くお礼申し上げます。

2011年3月

＊　＊　＊

　ここに第6次改訂版をお届けすることができました。これも読者の皆様のご支援のお蔭と深く感謝申し上げます。今回の内容は原則として2014年7月1日現在の法令によっています。より一層の御利用をお願い申し上げます。

　お世話になった相原資三氏には、いつもながら篤くお礼を申し上げます。

2014年8月

＊　＊　＊

　この度、第7次改訂版をお届けすることになりました。初版以来20年になろうとしています。長い間御利用いただき、心より感謝申し上げます。これからもお役に立つことができれば幸に存じます。なお、今回の改訂内容は2016年5月1日を基準としています。

　相原資三氏には長い間お世話になっています。くどいようですが篤くお礼を申し上げます。

2016年5月

著者紹介

大 島 稔 彦

1945年生まれ
1969年東京大学法学部卒業
元参議院法制局長

著　書　「明解　選挙法・政治資金法の手引き」（新日本法規）
　　　　『立法の過程』『立法技術入門講座（第１巻）』（ぎょうせい）
　　　　「要点解説　憲法・行政法」（公職研）
　　　　「要点解説　地方自治法」（公職研）
　　　　「要点解説　地方公務員法」（公職研）（以上、共同執筆）
　　　　「法令起案マニュアル」（編著）（ぎょうせい）
　　　　「地方上級論文対策合格答案集」（編著）（公職研）
　　　　「合格論文の書き方（基礎編）」（公職研）
　　　　「合格論文の書き方（実践編）」（公職研）
　　　　「小論文への誘い」（公職研）
　　　　「楽しく学べる『地方自治法』教室」（公職研）
　　　　「法制執務ハンドブック」（第一法規）
　　　　「法制執務の基礎知識」（監修）（第一法規）
　　　　「立法学－理論と実務」（第一法規）
　　　　他

---

楽しく学べる「地方公務員法」教室　第７次改訂版　　©　2016年

1997年（平成 9 年）　5 月26日　初版第１刷発行
2001年（平成13年）　5 月30日　第１次増補改訂版発行
2004年（平成16年）　4 月19日　第２次改訂版発行
2006年（平成18年）10月30日　第３次改訂版発行
2008年（平成20年）10月30日　第４次改訂版発行
2011年（平成23年）　5 月10日　第５次改訂版発行
2014年（平成26年）　8 月18日　第６次改訂版発行
2016年（平成28年）　6 月23日　第７次改訂版発行

定価はカバーに表示してあります

著　者　　大島　稔彦
発行者　　大田　昭一
発行所　　公　職　研

〒101-0051
東京都千代田区神田神保町2丁目20番地
ＴＥＬ　03-3230-3701（代表）
　　　　03-3230-3703（編集）
ＦＡＸ　03-3230-1170
振替東京　6-154568

ISBN978-4-87526-363-0 C3032　http://www.koshokuken.co.jp/

落丁・乱丁はお取り替え致します。　PRINTED IN JAPAN

印刷　日本ハイコム㈱
ISO14001取得工場で印刷しました